朱自清的踪迹

从海州到北大

陈武 著

中国文史出版社

图书在版编目（ＣＩＰ）数据

从海州到北大 / 陈武著 . -- 北京：中国文史出版
社 , 2022.9
（朱自清的踪迹）
ISBN 978-7-5205-3900-5

Ⅰ . ①从… Ⅱ . ①陈… Ⅲ . ①朱自清（1898–1948）
－生平事迹 Ⅳ . ① K825.6

中国版本图书馆 CIP 数据核字 (2022) 第 207291 号

责任编辑：金　硕

出版发行	中国文史出版社	
社　　址	北京市海淀区西八里庄路 69 号院　邮编 :100142	
电　　话	010-81136606 81136602 81136603 81136642（发行部）	
传　　真	010-81136655	
印　　装	阳谷毕升印务有限公司	
经　　销	全国新华书店	
开　　本	880×1230　1/32	
印　　张	6.875	
字　　数	140 千字	
版　　次	2023 年 3 月北京第 1 版	
印　　次	2023 年 3 月第 1 次印刷	
定　　价	58.00 元	

前　言

朱自清在《我是扬州人》一文里说:"我家是从先祖才到江苏东海做小官。东海就是海州,现在是陇海路的终点。我就生在海州。四岁的时候先父又到邵伯镇做小官,将我们接到那里。海州的情形我全不记得了,只对海州话还有亲热感,因为父亲的扬州话里夹着不少海州口音。"

朱自清出生于 1898 年 11 月 22 日。曾祖父朱子擎原姓余,少年时因家庭发生变故而被绍兴同乡朱姓领养,遂由余子擎改名朱子擎。朱子擎成年后,和江苏涟水花园庄富户乔姓人家的女儿成婚,并定居于花园庄,儿子出生时,为纪念祖先而起名朱则余。朱则余就是朱自清的祖父,娶当地吴氏女生子朱鸿钧。朱则余在海州做承审官时,朱鸿钧一家随父亲在海州定居生活。在朱自清出生的第四年,即 1901 年,朱鸿钧到高邮邵伯镇（后归江都）做一名负责收盐税的小官，朱自清和母亲一起到邵伯生活。1903年，朱则余从海州任上退休，朱鸿钧在扬州赁屋迎养，从此便定居扬州。1916年秋，朱自清考入北京大学预科，一年后转读本科哲学系，并于1920年5月毕业。大学读书期间，朱自清受新思潮的启发和鼓舞，积极参加文学社团，从事文学创作，并全程参与以北京大学为中心的五四学生爱国运动。大学毕业后的五年时间里，他一直在江南各地从事中学教学和文学创作，结交了叶圣陶、俞平伯、郑振铎、丰子恺、朱光潜等好友，创作了大量的白话诗、散文和教学随笔，为开辟、发展新文学创作的道路，做出了可喜的成绩和贡献。1925年暑假后，朱自清任清华大学教授，从此开始了一生服务于清华的道路。朱自清的学生季镇淮在纪念朱自清逝世三十周年座谈会上说："清华园确实是先生喜爱的胜地。新的环境安排了新的生活和工作。由于教学的需要，先生开展古代历史文化的研究，自汉字、汉语语法、经史子集、诗文评、小说、歌谣之类，以及外国历史文学，无所不读，无不涉猎研究，'注重新旧文学与中外文学的融合'，而比较集中于中国文学史、中国文学批评史的研究和当代文学评论。"

1937年七七事变，是中国近代史上的一个转折点，也是朱自清生活的一个节点，随着清华大学的南迁，朱自清也一路迁徙，从长沙，到南岳，再到蒙自，再到昆明，一家人分居几处，生活的艰难可想而知。随着抗日战争的不断深入，国民党统治区的物价不断飞涨，朱自清家的生活也陷入了贫困，朱自清的身体健康日益恶化。但朱自清在写作、教学和研究中，依然一丝不苟，奋力拼搏，一篇篇散文和研究文章不断见诸报刊，一本本新书不断出版，表现了一个中国作家、学者的韧劲和自觉。

抗日战争胜利后，朱自清于1946年随着清华大学复员而回到北平，朱自清自觉地加入民主运动，在研究和写作中体现了正直的知识分子的立场，在贫病交加中，由一个坚定的爱国主义者，成为一个革命民主主义者，签名拒绝领取美国救济粮，朱自清在"美帝国主义和国民党反动派面前站了起来"，表现了有骨气的中国人的传统美德和英雄气概。

朱自清一生所处的时代，是近代中国人民觉醒的时代，也是中国社会发生巨大转折的时代，朱自清没有迷失自我，坚定自己的创作、研究和教学，培养了一大批正直的知识分子和社会建设人才，留下了数百万字的作品，成为中国文化的巨大财富。

作为同乡前辈，朱自清一直是我崇敬的偶像，同时我也很早就关注了他的作品。早在1996年，《朱自清全集》在江苏教育出版社出版的时候，我就买了一套，放在书橱最显眼又顺手的位置，随时可以取出来翻一翻、读一读，读他的文学作品、学术专著、语文随笔、旧体诗词，每一次都会有不一样的感受。记得在读叶圣陶的文章《朱佩弦先生》时，说到朱自清的作品，有这样的评论："他早期的散文如《匆匆》《荷塘月色》《桨声灯影里的秦淮河》都有点儿做作，太过于注重修辞，见得不怎么自然。到了写《欧游杂记》《伦敦杂记》的时候就不然了，全写口语，从口语中提取有效的表现方式，虽然有时候还带一点文言成分，但是念起来上口，有现代口语的韵味，叫人觉得那是现代人口里的话，不是不尴不尬的'白话文'。"读了这段话，我还特地把《匆匆》等三篇文章重读一遍，再对照着读《欧游杂记》《伦敦杂记》，认真领会了叶老的评论，真是受益匪浅。当我写作累了的时候，或偷懒、懈怠的时候，《朱自清全集》也仿佛会开口说话一样，用严肃的语言督促我，叫我偷懒不得。真正想对朱自清做点研究，是在2000年，当时我在一家报纸的文学副刊做编辑，对于副刊知识也了解了一些，知道许多文学大师当年的文章都是发表在各种文学副刊上的。于是便下功夫，搞了几个专栏，有特色的是"苍梧片影"等，也有整版的关于连云港名人或地方文化的专刊，几年之中，渐成规模，受到当地文坛的注意。在多年的文学编辑中，总是想着要写一写关于朱自清的文章，恰好文友刘成文先生也有这个意向，我们便合作了一篇，正是关于朱自清的。这篇文章的题目已经忘了，当时发了一个整版，还配了几幅图片。文章发表后，受到不少朋友的鼓励和好评，想再接再厉，多写几篇。于是更加留意朱自清的相关评论和回忆史料，和朱自清同时代作家的作品和年谱、评传也买了不少，揣摩那一代作家的人格魅力和作品风格。虽然后来没有继续研究，文章也没写几篇，但通过这样的工作，对朱自清又有了更多的了解，崇敬之情也加深了一层。

真正坐下来专心研究朱自清，写作关于朱自清的文章，还是在 2013 年下半年。我的所谓"研究"，实际上就是更多、更广泛的阅读，包括朱自清的原著，亲属的回忆文章，早年的自编文集和后来出版的各种版本的作品集，各种纪念集和他师友、学生写的种种纪念文章，同时也着手写点心得体会。由于我是半路出家，也摸不到研究的门径，所写的文章都是随笔性质的。断断续续近十年下来，所得文字已经不少。2018 年还把其中的一部分出版了两三本小书。2022 年春，中国文史出版社想把朱自清一生的人生经历和创作、研究经历全部呈现给广大读者，我又利用半年时间，把这些文字进行修订和补充，以"朱自清的踪迹"为线索，分为六个部分，即《从海州到北大》《奔波在江南》《清华园里尽朝晖》《游学欧罗巴》《西南联大日月长》《休假在成都》，单独成书。但由于本人水平有限，研究不深，不免会有各种错误，希望读者朋友不吝赐教。如有机会再版，一定补充完善。

需要说明的是，本书参考文献较多，引文中所引的朱自清的文字，均出自《朱自清全集》（江苏教育出版社 1988 年版陆续出齐），对于朱自清文章中的一些异体字和假通字以及原标点等照原样予以保留，比如"象""底""勒""沈弱""气分""甚么""晕黄"等，特此说明。

2022 年 9 月 18 日于北京像素

目 录/CONTENTS

我就生在海州 / 1

邵伯湖畔万寿宫 / 25

我是扬州人 / 29

扬州的故居 / 55

择偶记 / 64

考入北大 / 74

求学之路 / 82

参加五四运动 / 101

第一波创作高峰 / 110

积极参加社会活动 / 127

毕业那一年 / 135

震撼人心的《异样的人》 / 150

诗歌合集《雪朝》 / 156

附　录

闲话《我是扬州人》 / 163

清华扬中校友会 / 172

心理学的范围 / 180

主要参考书目 / 202

我就生在海州

我就生在海州

"我家是从先祖才到江苏东海做小官。东海就是海州，现在是陇海路的终点。我就生在海州。四岁的时候先父又到邵伯镇做小官，将我们接到那里。海州的情形我全不记得了，只对海州话还有亲热感，因为父亲的扬州话里夹着不少海州口音。"

这是朱自清《我是扬州人》里开头的一段话。

朱自清写《我是扬州人》时，是在1946年9月25日，当时的民国东海县政府确实设在海州。朱自清说他的先祖到"江苏东海做小官"，在语言表述上不够准确，至少是有些疑问。因为他的祖父朱则余做官时是在清朝光绪年间，而且做的是州官，不是在"东海做小官"。那时的海州是直隶州，管辖东海县（含灌云及灌南的一部分。1912年灌云和东海分治，1958年，灌云一部分乡镇划出去和涟水一部分乡镇成立灌南县）、赣榆县和沭阳县。这是表述不准确的第一点。表述不准确的第二点，朱自清说"东海就是海州"。我们知道，朱自清所说的"东海"，就是指东海县。而事实是，东海不是海州，只是东海的县治设在海州，当时的海州和新浦，是东海县的两个镇。所以，不能说"东海就是海州"。正确的表述方式，应该是这样的："我家是从先祖才到江苏海州做小官的。海州就是现在的东海县政府所在地。"或者说，"我家是从先祖才到江苏海州做小官的。海州就是现在的东海县"。但接下来，朱自清又着重强调一下："我就生在海州"，这个强调是非常精准的。还有第三点疑问是，朱自清说他的祖父朱则余做的是"小官"。以朱自清1946年的理解，也许朱则余做的就是小官，但事实上，这个官也不是太小。清朝光绪年间海州府的承审官，主管的是全州的民刑案件，相当于现在的法院院长了。而当时不像现在这样，公检法司分工明确，整个公检法司这一大块都由朱则余一个人负责。如果一定要拿现行机制往上靠，朱则余的"小官"，相当于现在的政法委书记了。

朱自清把地名次序弄反了，可能是因为在朱自清的学问当中，"东海"确实比"海州"更为古老，历史上的"东海郡"出现在秦代。到了东魏武定七年（549年）才称海州。唐代以后，除元代一度称海宁州外，其余各朝基本上延称海州。清雍正二年（1724年）升为直隶州。民国元年（1912年）改称东海县，此后，又把东海县的一部分，另设连云市、新浦市等（打个比方，有点像历史上江苏省的上海县，因为特殊的机缘，上海设市，渐成后来的规模，而现在的体量更是特大城市了）。不过民国时期没有以海州命名的相当于县级的行政区划，而东海县政府所在地又在海州。这么说，朱自清似乎又没有说错。

此外，朱自清的祖父确实是在东海做的承审官，而东海县的衙门设在海州。如果这样，朱自清的表述就应该是这样的："我家是从先祖才到江苏东海做小官。东海的衙门就设在海州，现在是陇海路的终点。我就生在海州。"

朱自清在《我是扬州人》里，还有一个表述不够精准的地方，就是"父亲的扬州话里夹着不少海州口音"。这个呢，我提出的疑问也有争议。先说我的疑问：朱自清是在1901年跟随其父亲朱鸿钧和母亲一起到达高邮邵伯镇（今属于江都）定居的，住在邵伯镇万寿宫，这是一个道观，也是江西人的会所。由于朱鸿钧从出生到离开海州，一直都生活在海州，那他一定是操一口地道的海州方言。到了邵伯，及至后来定居在扬州城里，为了便于交流，会学一些扬州话，特别是扬州的一些市井方言。当家里人（朱鸿钧的父亲是灌南花园庄人）在一起交流时，肯定都是以海州话为主的，偶尔会掺插一两句扬州的市井方言。而朱自清，就是在这样的语言环境中长大的。所以，朱自清这段话准确的表达应该是："父亲的海州话里夹杂着不少扬州方言。"江苏地方志办公室有一个"方志江苏"的公众号，在连云港方志办的提供下，推送了我的《朱自清的完美人格》这本书中的第一章，即《我就生在海州》。一个读者读后留言，对我的疑问表达不同意见，他说："在《我是扬州人》一文中，朱自清说他父亲朱鸿钧扬州话里夹杂着海州话，此说也妥。是说他父亲慢慢学会了扬州话，平时讲扬州话，但不怎么地道，才夹着海州话。"我觉得这个读者说得也有道理。所以需要做个说明。

朱自清的身世之谜

1948 年 8 月 26 日，在朱自清逝世十多天以后，他的好友、同事浦江清先生写了一篇《朱自清先生传略》，文中有这样的话：朱自清"原籍浙江省绍兴县人，祖父讳则余，字菊坡，祖母吴氏。祖父为人谨慎，在江苏东海任承审官十余年，民国纪元前七八年退休，迁居扬州。父讳鸿钧，字小坡，母周氏。"

该传略说得很明白，朱自清原籍是浙江绍兴县人。这是指他的朱家的谱系。为什么这么说呢？因为朱自清的家世较为复杂——朱自清原本姓余，高祖父叫余月笙，浙江绍兴人，在扬州做官，住在甘泉衙门楼上，酒后不小心坠楼身亡。夫人不堪忍受突发之灾，跳楼殉夫。其儿子余子擎年幼，被浙江绍兴同乡朱氏收养，遂改姓朱，余子擎成为朱子擎，即朱自清的曾祖父。余子擎改称朱子擎不久，朱家搬到苏北涟水县花园乡居住，朱子擎和当地首富乔家小姐成婚，他给儿子起了个极有意味的名字——朱则余。朱，则余，也就是"姓朱其实是姓余"，提醒他不要忘了祖宗。朱闰生在《自清府君事略》一文中说："我的曾祖父原姓余，承继朱氏，遂姓朱。"朱则余字菊坡。仿效朱自清在《我是扬州人》里那肯定的口气说话，朱则余就出生在江苏涟水花园庄。朱则余就是朱自清的祖父。朱则余娶妻吴氏，生子取名鸿钧，字小坡，即为朱自清的父亲。朱自清的母亲叫周绮桐，是绍兴人。在《我是扬州人》中，朱自清也有介绍："……绍兴我只去过两回，每回只住过一天，而我家里除先母外，没有一个会说绍兴话。"

那么朱自清的祖母是哪里人呢？从朱自清在散文《择偶记》提供的信息看，应该是花园庄一带人。《择偶记》第一段说："自己是长子长孙，所以不到十一岁就说起媳妇来了。那时候对于媳妇这件事简直茫然，不知怎么一来，就已经说上了。

是曾祖母娘家人，在江苏北部一个小县分的乡下住着。家里人都在那里住过很久，大概也带着我；只是太笨了，记忆里没有留下一点影子，祖母常常躺在烟榻上讲那边的事，提着这个那个乡下人的名字。起初一切都象只在那白腾腾的烟气里。日子久了，不知不觉熟悉起来了，亲昵起来了。除了住的地方，当时觉得那叫做'花园庄'的乡下实在是最有趣的地方了。因此听说媳妇就定在那里，倒也仿佛理所当然，毫无意见。每年那边田上有人来，蓝布短打扮，衔着旱烟管，带好些大麦粉，白薯干儿之类。他们偶然也和家里人提到那位小姐，大概比我大四岁，个儿高，小脚；但是那时我热心的其实还是那些大麦粉和白薯干儿。"文中提供的信息非常重要。朱自清所说的"小县分"就是苏北的涟水，这里地势低洼、水网纵横，庄稼旱涝都不能保收，历史上是个穷县。乡下的"花园庄"在涟水的北部，靠近一帆河边上。1957年3月江苏省行政区划调整，把涟水县北部和灌云县南部共十八个乡镇合并成灌南县，所以"花园乡"就隶属于灌南县了。朱自清的曾祖母乔氏的娘家是花园乡的首富，家业很大，田产很多。祖父祖母又都在外婆家住过很长一段时间，对那里很亲，所以"常常躺在烟榻上讲那边的事，提着这个那个乡下人的名字"，其中也包括那位小姐的亲人。既然是"娘家人"，那肯定也姓乔了，乔小姐和朱自清是表亲。对于朱自清的亲事能定在那里，祖母和母亲该是特别开心吧，老亲加新亲，叫"亲上亲"，是旧时代追求的一种理想的联姻方式。年幼的朱自清听熟了那里的人和事，对"那边田上有人来，蓝布短打扮，衔着旱烟管，带好些大麦粉，白薯干儿之类"的，自然也十分亲切了。大麦（念"旦麦"音）抗涝能力强，确实是灌南一带的特产，白薯干就是地瓜干，这两种粮食都属于粗粮。朱自清小时候生活富裕，偶尔吃吃老家带来的粗粮，尝尝新鲜，所以才很"热心"吧。但是在朱自清 12 岁那一年，亦即 1909 年，花园乡那边捎信来了，不是好消息，"说小姐痨病死了。家里并没有人叹惜；大约他们看见她时她还小，年代一多，也就想不清是怎样一个人了"。朱自清的祖母一定是见过这位小姐了，不然不会说"看见她时她还小"，所以并没有心疼和"叹惜"。当年朱则余在海州做官时，朱鸿钧一家是随朱则余住在海州城里的，朱自清祖母常带着朱自清回娘家。既然朱自清的祖母和母亲经常往返于海州和花园庄，并且两头住，而且在花园庄乡下"住过很久"，由此可以推断，朱自清的祖母也是当地人，至少，是第二代、第三代当地人。

如前所述，朱自清祖上是浙江绍兴人，由于长年在外做官，特别是到了朱子擎这一辈，一大家子都住在苏北，加上他本又姓余，分在他名下的这一支的绍兴祖宅、房屋和田产逐渐被族人所侵吞，等于连"根"都没有了。

说到朱自清和绍兴的关系，这里可以多讲一点，朱自清和鲁迅家也是有亲戚关系的。据朱自清弟弟朱国华在回忆朱自清的文章中披露："我家原是绍兴人氏，母亲周姓，与鲁迅同族。外祖父周明甫是有名的刑名师爷，曾在清朝以功授勋。周朱两姓门户相当，常有联姻，均为当地大族，鲁迅的原配夫人朱安，也是我家的远亲。"（《难以忘怀的往事》，江苏文史资料编辑部 1992 年 10 月版）而朱自清也一直和鲁迅保持着往来，虽然不太亲近，但也不太坏。从朱自清日记中可以看出，比如 1936 年 9 月 26 日，朱自清日记云："访鲁迅太太。借二十元，为吉人婚事也。"不论什么时候，能互相借钱，关系都应该不一般吧。

朱自清为什么要访"鲁迅太太"？日记上没有说明，但后一句"为吉人婚事也"，从中可见端倪。吉人，即朱吉人。为了弄清朱自清和绍兴朱家的关系及和朱安是远亲的关系，有必要把朱吉人的身世搞搞清楚。

朱吉人是朱安弟弟朱可铭的儿子，1912 年出生于绍兴水沟营丁家弄 9 号，原名朱积成（鲁迅日记里写作"稷臣"），后才改名吉人。朱吉人共有兄妹五人，他排行老大。二弟叫朱积功，早年病故；三弟朱积厚；四弟朱积金；最小的是妹妹，叫朱晚珍。据杨志华《朱吉人与朱安及鲁迅》一文中说：朱吉人生活在三代同堂的大家庭中，其父朱可铭有妻室二房，但唯有他母亲能生养，因此他从小就深受家里人的喜欢。姑母朱安也特别喜欢他，经常请鲁迅家的佣人阿福接他到家里玩。朱安随鲁迅一家搬到北京以后，双方的见面虽然暂时中断，但书信交往一直比较频繁。当时朱家的书信都由朱可铭出面，北京的书信都由鲁迅出面。据鲁迅日记和鲁迅书信中反映，1913年4月至1931年5月，鲁迅和朱可铭书信交往的记录就有23次之多。朱可铭患病及病故后，朱家的家政就由长子朱吉人主持了。朱家与鲁迅家的通信，就由朱吉人接手。鲁迅日记1930年9月到1936年6月间，鲁迅与朱家的礼仪交往与经济援助等记录有6次之多，都是朱吉人出面。遗憾的是，这些书信都没有保留。

1926年，朱吉人因家族经济困难停学。1928年冬，由母亲托亲戚介绍到上海的广东路洋袜厂门市部当学徒。当时，二弟在浙江省立第五中学读书，三弟在县二小读书，四弟未入学，妹妹年幼，一家老少八口生活困难，想求鲁迅帮忙，终因难以启齿而未果。1931年朱可铭在绍兴病故，二弟学费发生困难，于是朱吉人通过姑母朱安，请周建人（在上海商务印书馆工作）帮忙解决，直到中学毕业。1932年朱吉人祖母（即朱安母亲）中风去世，朱吉人成了家里的顶梁柱，工资收入难以持家，便托请周建人介绍二弟朱积功报考上海商务印书馆的练习生，不料经考试落选，抱病回绍兴后，竟忧郁而终。后来，周建人介绍他三弟朱积厚到民友印书社等处工作。

朱安此时在北京陪伴鲁太夫人，过着寂寞、孤独而清苦的

鲁迅与朱安

生活，便想将长侄朱吉人召到北京作为养子，以便将来有所依靠。1934年5月16日，朱安写信给鲁迅，征询对此事的看法。5月29日，鲁迅给母亲写信，并转答朱安说："京寓离开已久，更无从知道详情及将来，所以此等事情，可请太太自行酌定，男并无意见，且也无从有何主张也。"信中的"太太"即朱安，对此，朱安后来也就自行决定，将朱吉人收为养子了。

这里还有一个小插曲，《朱吉人与朱安及鲁迅》的作者杨志华在1987年调访朱吉人时，朱吉人告诉杨志华，因为当时他作为长子要照料母亲及弟妹，难以脱身，没有北上，所以也就没有尽养子的责任。朱吉人结婚是在1936年9月，而且是从上海回绍兴结的婚，朱自清是怎么知道朱吉人结婚的？而且借款是"为吉人婚事也"。笔者推测，一是，朱自清此时和鲁迅家（北京）依然保持着密切的联系，朱吉人结婚这么大的事，肯定会知会姑母，进而告诉朱自清；二是，朱自清此时依然和绍兴的朱家保持通信联系，知道朱吉人结婚之事，又知道朱吉人是朱安的继子，因而去朱安家道贺。但是，朱自清日记里的"借二十元"，是朱自清借给"鲁迅太太"呢，还是"鲁迅太太"借给朱自清？鲁迅每月定期给北京的家里汇款，"鲁迅太太"应该不缺钱，比较合理的解释是，朱自清访"鲁迅太太"时，得知朱吉人结婚了，由于身上没带钱或带钱不够，就暂借朱安的钱汇给了朱吉人。

无论如何，从朱吉人的身上，再一次证明朱自清的二弟朱国华所说："鲁迅的原配夫人朱安，也是我家的远亲。"

1936 年 10 月 19 日，鲁迅逝世。当天，朱自清没有得到鲁迅逝世的消息，晚上在中国文学会开会，会后回家，写毕"伦敦杂记"之七的《博物院》，这篇文章费时半月之久。第二天，朱自清日记有"昨日鲁迅先生逝世"的记录，并说"吊慰鲁迅太太"，说明朱自清进城到阜成门的鲁迅家，参加了吊慰活动，也说明朱自清和北京的鲁迅家一直保持着相互走动的关系。

朱则余和朱鸿钧的官职

朱自清祖父朱则余在海州做承审官，这个大家都很熟悉了。那么朱则余是如何能在海州做承审官的，政绩又如何呢？目前在我的阅读视线之内，还没有找到确切记载的资料，而朱自清的父亲朱鸿钧怎么能到邵伯做个小官，同样需要理理清楚。

我们可以通过朱自清的文章和朱国华等人的回忆，去尝试理解并推断出一个大概来。

先来看朱自清的散文《择偶记》，文中说到在家里人不断地提亲所介绍的一个"聪明伶俐"的女孩时，有这样的一段话："本家叔祖母用的一个寡妇老妈子熟悉这家子的事，不知怎么教母亲打听着了。叫她来问，她的话遮遮掩掩的。到底问出来了，原来那小姑娘是抱来的。"这段话里提到了一个非常重要的人物，就是"本家叔祖母"。我们前边已经了解了朱自清的身世，说明朱自清的高祖父（就是抱养余子擎的朱氏）在扬州的后人还有势力。因为这个"叔祖母"能用得起"老妈子"，至少说明家境不差吧，而朱门的族人中，还有可能出了更有本事的人。这就不难理解为什么朱自清的父亲朱鸿钧在海州一直赋闲，却能到邵伯去做小官了。用中国传统的人情世故来推测，朱自清的祖父，通过扬州老朱家的关系，才为朱鸿钧找了这么个差事。

朱自清有一篇散文叫《看花》，文中讲到他家在扬州租住的第一个宅子，这个宅子很大，有花园，有廊榭，朱自清在文中说："还有一座太湖石堆成的洞门；现在想来，似乎也还好的。"这么一个大园子，产权是谁的呢？属于他同族本家。朱国华在《朱自清在扬故居踪迹》一文中说："1903—1909年住扬州城内天宁门街，是和同族朱姓同门居住的，我和妹妹玉华都生在这所房子里。因为当时我年岁很小，对于房子内部的结构记不清了。只是在长大以后有几次路过那里，看到那座房子的大门很宽广，门楼里面有八扇屏门，从大门外的街上向北望去，已看到天宁门的城门了。"这么一座豪华的大宅子，可不是一般人家。

我们再来看朱国华在另一篇文章《难以忘怀的往事》一文中说的："外祖父周明甫是有名的刑名师爷，曾在清朝以功授勋。"从这段话中我们知道，朱自清的外祖父被"以功授勋"过，而且是有名的"刑名师爷"。众所周知，"师爷"是中国古代特别是明清两代一种特殊的官场文化，清末民初的文人徐珂在《清稗类钞》中说："盖仆从之于官，称老爷；于幕友称师爷。刑名（师爷）、钱谷（师爷）二席均得此称。"师爷是干什么的呢？实际上就是为幕主出谋划策，参与机要；起草文稿，代拟奏疏；处理案卷，裁行批复；奉命出使，联络官场等，身份非常特殊，所以，府内衙役、仆从尊主官为"老爷"，称宾友为"师爷"。经过多年的演进，"师爷"队伍有所扩展，由各级地方行政官署扩展至士绅、工商家族，不仅称呼依旧，而且连其类似佐僚人员亦统统名之为"师爷"。在清代，师爷非常活跃，上自督抚，下自州县，都聘请师爷佐理政府事务。需要说明的是，师爷不是一个人，通常都有几个或十几个人，甚至是多达三四十人的一个组织。用一个不太恰当的比喻，"师爷"就相当于现在的书记处或研究室。那么朱自清的外祖父是有名的刑名师爷，又来自著名的"师爷之乡"绍兴，他的人脉关系就极其广泛了，简单疏通一下，给赋闲的朱自清的父亲朱鸿钧找个差事干干，还不是一句话的事？同样的道理，收养朱自清曾祖父的朱氏本人，也是有名的师爷，以他绍兴人的身份以及师爷的加持和广博的人脉关系，为朱则余谋个承审官，想来也不难，或是先做个小官吏，经过自己多年的努力当上承审官，也是有可能的。这么说来，朱则余和朱鸿钧都在没有任何功名的情况下，顺利地在官场谋得一官半职，还奇怪吗？

朱自清出生前后的海州

朱则余成年以后，离开家乡花园庄，利用朱氏家族的师爷关系，开始闯荡社会。他特殊的身世，培养了他坚强的性格，在为人处世上，他一直很谨慎，很真诚，也很努力。在光绪年间，终于在海州担任了承审官。承审官是负责案件的查处、审理、判决等工作的，关乎地方的长治久安，算是一个要害部门。但那时地方的审判权完全归属行政机关，其工作思路也听从州官的安排，看州官的脸色，审判机关往往不能独立行使职权，事实上只是州官的附庸罢了。

朱则余的承审官一做就是十多年。官做得怎么样呢？志书上没有记载，但能一口气做了十多年直到 1903 年退休，说明他还是赢得了海州父老乡亲一致拥戴的，至少他和州官的配合还是默契的。

清光绪年间的海州城，城墙还很完好，属于砖、石、土混合结构，非常坚固，也非常壮观。共有东、西、南、北四座城门，有的城门还有瓮城，便于作战时攻防使用。城门上的椎楼四檐高挑，巍然屹立。城内大小庙宇、道观有好几座，史书上用"金碧装潢，琳宫耀日"来形容。宽些的道路都是由大块的青石板铺就，车行街石之上，辘辘有声，驴马走在街石上，也是咔咔作响。窄小些的街巷也都铺有砖石，不过也有少许更窄的小巷是泥沙铺路的。殷、葛、沈、杨、谢五大家族是海州的大户，这些人家的门口都有拴马桩和下马石，显示其豪门地位。中大街、文庙一带更是繁华之地。海州在当时的苏北，既是省界，又临海，可算是重要市镇了。

连云港市委宣传部老部长吴加庆先生喜欢搜集关于海州的老照片，在顾建华主编的《记忆中的海州》中，用一个下卷的篇幅，收录了他精心挑选的三百多幅老照片。在"古城旧貌"和"故时风物"里，我们能领略到20世纪初期的海州古城墙、古城门和大小街巷的面貌；在"老街钩沉""市井百态"里，能看到那个时代的百姓生活和日常情状。这些照片所反映的内容，基本上接近了朱则余做承审官和朱自清出生前后那段时期的海州。

朱则余在海州做官的时候，儿子朱鸿钧一直陪侍左右，成婚也在海州（此时的东海县衙门驻海州），一大家子生活在一起，可谓其乐融融——这里可以先岔开一笔，即朱自清的母亲周绮桐，一个会说绍兴话的绍兴人，怎么会千里迢迢嫁到苏北小城？而且其父还是有名的师爷，这也是因为绍兴的师爷文化的原因，一个是有名的师爷（周明甫），一个是海州的承审官（朱则余），又都是绍兴籍，两人成为亲家，也算是门当户对了。公元 1898 年 11 月 22 日，古城海州西门一带，州府承审官朱则余的宅邸里，红烛高烧，香烟缭绕，全家上下笑逐颜开，喜气洋洋，原来，朱家一个新生儿诞生了，他就是朱自清。

朱自清上头原有两个哥哥，叫大贵和小贵，不幸相继夭亡，这是朱家的一大憾事。因此朱自清出生时，给全家带来无比的欢愉是显而易见的，也使他格外受到宠爱，全家更是对这个小生命寄予很大的期望，"腹有诗书气自华"，于是朱家为孩子

古海州城北关临洪门（崔月明提供）

古海州城西关博望门（崔月明提供）

取名"自华"，又取"春华秋实"之意，给他起了个号叫"实秋"，希望他长大后能诗书传家，学有所成。"实秋"的另一层意思，是因为算命先生推算他五行缺火，缺什么补什么，故取一带火的"秋"字。家里人迷信，怕他不易长大，遵照海州的风俗，为他取了个女孩子的乳名"大囡"，还特地替他耳朵穿孔，戴上钟形金耳环。陈竹隐在《追忆朱自清》一文中也说到朱自清戴耳环的事："佩弦出生于东海，由于两兄幼殇，他就成了长子长孙，倍受家族宠爱，小时在耳上还佩戴着金质的钟形耳环。"周锦在《与朱玉华女士谈朱自清》一文中记载，朱自清的妹妹朱玉华说："母亲很迷信，怕大哥长不大，自小就穿了耳孔，挂一只金耳环。一直到上大学母亲还不肯取掉，我们看得出来，大哥很不自在，但总是忍着。好像是到快结婚了，才向母亲提了出来，母亲还带他去庙里烧香、拜佛、许愿，然后总算去掉了。"

朱自清作品中的海州方言和小说中的儿时记忆

朱自清出生在海州，这是毋庸置疑的。海州同时又是当时东海县县衙所在地，属于海州府管辖，也是没有争议的。

下面，再简单介绍一下，朱自清作品和日记中的海州方言和海州土话，比如《冬天》里有一句："有点风，月光照着软软的水波；当间那一溜儿反光……"这里的"当间"，在海州话里是"中间"的意思，也特指房屋正中那一间，现在海州人还这样说。还比如《给亡妇》里，说到妻做的菜不坏时说："有一位老在行大大地夸奖过你。"这里的"老在行"也是地道的海州话。在《"海阔天空"与"古今中外"》里，对自己从事的工作心怀不满，说："我做了五年教书匠了，真个腻得慌，黑板总是那样黑，粉笔总是那样白，我总是那样的我，成天儿浑淘淘的。"这里的"腻得慌"和"浑淘淘"，现在还是老海州人的口头禅。在1939年3月4日的日记中说："打桥牌……我老是输，甚灰心。"这里的"灰心"虽然别地也有使用，海州人更是随口而出，直到现在，日常使用频率还很高。在《给亡妇》中，有这样一段话："暑假时带了一肚子主意回去，但见了面，看你一脸笑，也就拉倒了。打这时候起，你渐渐从你父亲的怀里跑到我这儿。"这里的"拉倒了""打这时候"，都是海州方言的口语表述方式。这种例子能举出很多，日记里更是不胜枚举。

　　朱自清出生后，保姆女佣一定会用海州话给他哼唱摇篮曲："小花鸡，跳磨台，哪天熬到小媳妇来，多吃多少及时饭，多穿多少可脚鞋。"一两岁时，朱鸿钧也会和许许多多的老海州人一样，抱着儿子到中大街逛逛杂货铺，坐坐茶馆，在阳春三

海州城内十字街南大街（崔月明提供）

海州禹王庙（崔月明提供）

月里，赶赶白虎山庙会，到文庙前或鼓楼下听听淮海小戏或淮海锣鼓书。稍大后，朱自清必定也会跟在父亲身后，牵着父亲的手，到城墙根的杂草窝里找找蛐蛐；或出北门到蔷薇河边看过船的白帆；或出东门，来到塔山古道访古探幽，看古道上被车轮马蹄踏得明晃晃的青石板，讲城外远山的故事；或缠着父亲要买一根麻花解解馋，跟父亲在街头吃一碗白水煮豆腐（朱自清爱吃的食物，散文《冬天》里有描写）。而更多的时候，会绕在父母的膝下，在院中花园里嬉乐玩耍。偶尔走到街上，街坊们喊着他的乳名，大囡这大囡那的，逗他咯咯地笑。比他稍大的小伙伴们也许会拿他耳朵上的金钟耳环来取笑他。

婴幼儿时期的朱自清，海州的生活全无记忆了，对他来说是遗憾的，否则，或许也会单独写一篇文章来纪念，或像俞平伯那样，有诗记之。但是，事情并不是绝对的。朱自清在1921年1月发表了一篇小说叫《新年底故事》，描写一个叫"宝宝"的幼儿在过年时看到的种种，是否是对自己的一个补偿呢？他虽然对海州没有记忆，家人必定会讲述关于他的旧时趣事吧？小说中的"宝宝"或许就有他自己的影子，那些做好吃的、祭祖先、分压岁钱、放烟花、穿新衣、逛街、走亲访友等新年习俗，是每个人的童年都有的经历。朱自清用"我"的口气，描写在家里趁着大人们不注意，偷偷地拿了几个粽子、香喷喷的肉包子、美味的糖馒头和口味独特的风糖糕，本想藏起来留待以后慢慢品尝，结果被狗发现了，"我"吓哭了，惊恐着，娘也随即缴了"我"袋里的美食，只给"我"每样留一个解馋；到了街上，耍猴戏吸引了"我"，可顽皮的小猴却来戏弄"我"，"我"又被吓哭了；而到了晚上，闻听明天小伙伴们有可能都不来玩了，"我"又很难过，哭着嚷着"年不过了"，结果把大家逗得哈哈大笑。原来大人们是逗"我"的，拿"我"开心呢！小说中的糖馒头、风糖糕正是海州特有的过年食物。耍猴的也是海州街头常有的把戏，朱鸿钧把年幼的朱自清扛在肩膀上，到街上看热闹完全有可能，在他儿童或少年时期，常常拿他婴幼儿时的种种趣事来逗乐子，是每个家庭逢年过节时的必备节目。

不管怎么说，幼时朱自清性格中安静、聪慧和倔强的个性，在海州城古朴、厚重底蕴和美丽山水的熏陶下，已经显露出来，虽然海州没能给他留下深刻的记忆，但潜移默化中，也如雨露般滋润了他的心灵，哺育了他的感情，丰富了他的想象力，使他的情怀永远充溢着诗情画意。

1901年，朱自清4岁了，父亲朱鸿钧从海州到高邮的邵伯镇做了个小官——典史。虽然朱自清文章中没有就这个官职的来龙去脉做详细的介绍，如前所述，可能和祖父朱则余或外公周明甫有关。朱则余渐渐老去，正值壮年的儿子没有工作也不是个办法，托朋友故交，谋点"私利"，给儿子介绍工作也在情理之中，这样，朱鸿钧到了隶属扬州的高邮邵伯谋生了。朱自清不久就被父母接到了邵伯任所，从此离开了出生地海州，开始了"我是扬州人"的人生之旅。

邵伯湖畔万寿宫

　　1902 年，朱自清 5 岁了。赋闲很久的朱鸿钧已经在高邮邵
伯镇做了主管盐税事务的典史，朱自清随父母从海州搬到邵伯
后，也开启了一段愉快的童年生活。

　　高邮隶属扬州府，邵伯更是离扬州很近。扬州不是盐的产
地，盐的产地在地处海州湾的海州和盐城沿海一带广大的滩涂
地区，煮海为盐的盐民累得要死，也穷得要死，却把扬州的盐
商养得流油。明清两朝大盐商都集中在扬州，"有钱就是那么任
性"，扬州也因此衍生出许多"温柔乡"里的故事。所以朱鸿钧
的官虽"小"，却是主管地方盐税的，在地方上算是个肥差，不
能说富得流油，至少也会赢得当地乡绅财主的敬重。

　　朱自清一家住在邵伯镇的万寿宫，这里原是由旅居扬州的
江西籍官商所修建的道观，始建于清乾隆八年（1643 年），也

是江西人的会所。据姜建、吴为公所著的《朱自清年谱》考证，万寿宫于20世纪50年代因废圮而拆除。邵伯镇紧挨着邵伯湖，地势低洼，河流纵横，湖泊密布，而万寿宫的门口就是南北运输的大动脉——京杭大运河。关于邵伯湖的历史，地方历史文献有较详细的记载，邵伯湖又叫甘棠湖、棠湖，古代属三十六陂，春秋时称武广湖，该湖的整治和谢安有关，是谢安率领当地民众筑堤建湖，才避免了旱忧和涝患。邵伯湖和高邮湖一样都是过水湖，湖水注入长江。

朱自清在《我是扬州人》里说："万寿宫的院子很大，很静；门口就是运河。河坎很高，我常向河里扔瓦片玩儿。邵伯有个铁牛湾，那儿有一条铁牛镇压着。父亲的当差常抱我去看它，骑它，抚摩它。镇里的情形我也差不多忘记了。"还很年幼的朱自清，在又静又大的万寿宫院子里跑来跑去，无拘无束，也常常跑到门口的运河大堤上玩耍。大运河流经邵伯时，河面很宽，烟波浩渺，气势非凡，和邵伯湖连成一片。河里帆影朵朵，舟楫往来，朱自清爱在河堤上寻找小瓦片，打水漂玩。这是小孩子都爱玩的游戏，互相比着，看谁的瓦片在水皮上打的水漂多，飞的距离远。玩这种游戏要具备三个要素，一是瓦片要方方正正，不大不小；二是要尽量让瓦片从手里飞出去的一瞬间，贴着水皮；三是要有足够的力气，特别是爆发力。四五岁的孩子，玩这种游戏还不太在行，瓦片能在水皮上跳一两下就不错了。所以朱自清在《我是扬州人》中只说他"扔瓦片"，怎么玩，玩得水平如何，并没有说。离他家不远的地方，有一个铁牛湾，是因为河湾有一头镇水的铁牛而得名，大约这里曾闹过水患。大铁牛制造于清康熙年间，重约三千斤，"镇水"只是民间赋予它的使命，它另一个使命是用来测水的，这里是大运河的险段，水位上升到牛的什么位置，就会做什么样的预防，若水位与牛嘴持平，就是大水灾了，固堤减灾就成为岸边民众的头等大事。

公务之余，朱鸿钧会带着朱自清来铁牛湾看"牛"赏河，滔滔河水，朵朵浪花，河上的白帆，河岸的纤夫，河边的码头，两岸的风光，都会吸引朱自清好奇的目光，而他最开心的，莫过于父亲把他抱到铁牛背上了。骑在巨大的铁牛上，抚摸着光滑的铁牛，给童年的朱自清留下深刻的记忆。骑马能奔驰千里，骑牛会脚踏实地，朱鸿钧是不是这样想的呢？反正父子俩嬉哈玩闹一阵，少不了趁儿子开心，教他背诵几句诗文警句。因为在1902年春天时，朱自清已经由父母启蒙教读了。

……阴历四月的时候，书房里的书桌上安置好了笔墨纸砚，朱自清端坐着，父亲研好墨，濡了笔交给他，把着手写下"清和"两个不大不小的字，然后接着写下姓名"朱自华"。他的读书生活，就在这样一个简单而又严肃的

仪式后开始了。(《朱自清的学生时代》，作者周锦，收入《朱自清研究》，台北智燕出版社1978年4月版)

让孩子在玩耍中学习，是大多数父母常干的"把戏"，孩子不觉得上当，在边玩边学中增长知识和见识，孩子是乐于接受的。

平日里，朱鸿钧公务多，也少不了应酬，并没有太多的时间带儿子玩耍，教儿子读书识字这一任务就落在了朱自清的母亲身上。和大多数贤惠的母亲一样，在教读之余，她还常搜寻一些名人传记或小说中的故事，讲给朱自清听。朱自清沉默少语，内秀聪慧，喜欢幽静的环境，常常一个人待在室内，摆弄画片，翻检图籍，亲近书香，一待就是小半天。这样半学半玩一些时日，便被父亲送入邵伯镇的一家私塾读书了。在《我是扬州人》里，朱自清写了他结识的最早的少年朋友江家振："我常到他家玩儿，傍晚和他坐在他家荒园里一根横倒的枯树干上说着话，依依不舍，不想回家。这是我第一个好朋友，可惜他未成年就死了；记得他瘦得很，也许是肺病罢？"从这段文字里，知道江家振家有"荒园"，有一棵横倒的枯树干，且他很瘦，可能这个江家也是破落户了。

在海州还没有记忆的朱自清，在邵伯的记忆也是模糊的，在不到两年的时间里，留给他的也不过是片断的印象和记忆。

我是扬州人

　　还有一桩道理就是我有些讨厌扬州人；我讨厌扬州人的小气和虚气。小是眼光如豆，虚是虚张声势，小气无须举例。虚气例如已故的扬州某中央委员，坐包车在街上走，除拉车的外，又跟上四个人在车子边推着跑着。我曾经写过一篇短文，指出扬州人这些毛病。后来要将这篇文收入散文集《你我》里，商务印书馆不肯，怕再闹出"闲话扬州"的案子。……但是我也并不抹煞扬州的好处，曾经写过一篇《扬州的夏日》，还有在《看花》里也提起扬州福缘庵的桃花。再说现在年纪大些了，觉得小气和虚气都可以算是地方气，绝不止是扬州人如此。

以上这段话，是朱自清在《我是扬州人》里对扬州的感想和述评。朱自清说他是扬州人，许多人就是从他这篇文章里知道的。

1

1903 年，朱自清 6 岁的时候离开了邵伯，全家搬到扬州城，租住在天宁门街一同族大宅子里。朱自清在《看花》里有一段较详细的描写："家里人似乎都不甚爱花；父亲只在领我们上街时，偶然和我们到'花房'里去过一两回。"院子里"有一座小花园，是房东家的。那里有树，有花架（大约是紫藤花架之类），但我当时还小，不知道那些花木的名字；只记得爬在墙上的是蔷薇而已。园中还有一座太湖石堆成的洞门；现在想来，似乎也还好的。在那时由一个顽皮的少年仆人领了我去，却只知道跑来跑去捉蝴蝶；有时掐下几朵花，也只是随意接弄着，随意丢弃了。至于领略花的趣味，那是以后的事：夏天的早晨，我们那地方有乡下的姑娘在各处街巷，沿门叫着，'卖栀子花来。'栀子花不是什么高品，但我喜欢那白而晕黄的颜色和那肥肥的个儿，正和那些卖花的姑娘有着相似的韵味。栀子花的香，浓而不烈，清而不淡，也是我乐意的。"年岁尚幼的朱自清就在这样的环境中快快乐乐地生活着，成长着。

也是在这一年，朱自清祖父朱则余从海州承审官任上退休了。朱则余在海州做了十几年官，积攒了多少钱财不得而知。海州经济在历史上就不算发达，巨富不多，但旧时做官，收入的渠道不比现今当官的少，临到退休时，大约也还不坏。朱则余退休后，由于家中独子在扬州做事，便变卖了海州的房产，率家人回扬州和儿子团聚了。这一年朱则余57岁，还没有老到不能动的时候，看着膝下儿孙，享受天伦之乐，过着富裕的晚年生活。朱自清在这样的氛围中，继续读私塾，课程和那时候的私塾都是大同小异吧，经籍、古文、诗词等，一样不落。朱自清开蒙读书时，"值科举初废除，学校方兴。父亲小坡公对他寄托了很大的希望，却怀疑当时新式的学校读书的成绩和教学的方法，便把他送到中过秀才或举人的老师那里去受教。而在放学回来的时候，小坡公都要把他的作文卷子一篇一篇地读过。这多半是在晚饭后，小坡公一边吃着落花生豆腐干下烧酒，一面就低吟着朱先生作的文章。看见文章尾后有好评，字句边上又有肥圈胖点，就点头称是，欣然饮酒，且给坐在旁边的儿子几粒花生米，或一块豆腐干。若是文章的字句圈去的太多，尾后又有责备的评语，即小坡公就要埋怨朱先生了，自然比文章的评论说得厉害。在这个动气的时候，虽并不伸手去打儿子，却往往把文章拿来出气，投在火炉里无情地烧掉。朱先生遭着这样的情形，多半是忍不住哭了起来"。这段内容是姜建、吴为公在《朱自清年谱》（2010 年 11 月第一版）上引用于维杰发表在台北《书和人》杂志第 52 期《朱自清的学术研究》上的话，该杂志出版于 1967 年 2 月 25 日。在朱自清的作品里不见这样的记载。其他资料也不见于维杰这篇文章记述的内容。只有朱国华在《对大哥朱自清青少年时期的回忆》里有一段简单介绍："大哥五六岁时便由父母启蒙教读。父亲经常在外，便由母亲周太夫人亲自教导诵读书写。大哥总是认真学习，而且养成了自觉学习的习惯。平时不需要督促，一清早便可以听到他的琅琅书声了。"朱自清在私塾读书是在 5 岁到 10 岁这段时间。在朱自清 10 岁那年，父亲去了江西的石港镇做了盐务官，朱自清随父亲前往，一年后才回到扬州，入了双忠祠初等小学读书。所以，于维杰的这段记述应该没有错。科举未废时的私塾老师，大都教孩子作八股文，策或论，为科考做准备。科举制度虽废，在一般私塾老师眼里，文章仍是求取功名中的必修课，所以朱自清的父亲和老师一样，严格要求也是在情理之中的。

1908 年，朱自清在江西石港待了一年后，返回扬州，并不再入私塾读书，而是进入了双忠祠初等小学。朱自清在《我是扬州人》一文中说："我在扬州读初等小学，没毕业。"朱国华在《大哥朱自清二三事》中写得更为详细："家父特意将自清送到双忠祠小学，因为该校校长李佑青以治学严谨、执教有方闻名遐迩。当时，生额已满，但李先生很欢喜大哥，亲自在课堂前面加放一张板凳，当即收下了这个全班最小的学生。李先生上单级很有本事，在一个课堂中，同时教授一、二、三、四年级的课程，大小学生竟能各得其所、齐头并进。在他的启蒙下，大哥很快成为全级最优秀的学生。"

2

1909 年，朱家再次搬迁，由天宁门街迁到弥陀巷中段小桃花巷内。朱自清三弟朱国华在《朱自清在扬故居踪迹》中说："巷口有一口水井。大门对面有一堵照壁，照壁后便是东西绵延的瓦砾山。大门向北，门槛很高，入大门通过门楼，进屏门有一方小天井，向西进入二门，便是一个三合院。朝南三大间是正房，我们父母兄弟姐妹都住在里面。隔着天井，对面有三间较小的屋，是祖父母的住房。向西通过厢房旁的甬道，又有一个小天井。南边是厨房，北边有耳房一间，供勤杂人员居住。"从结构上看，这是一所中等偏上的大宅。说不上太豪华，但也足够气派了。

朱自清在弥陀巷中段小桃花巷内一直居住到 1913 年。

从 1909 年至 1913 年的四年时间，对朱自清的成长极为重要，他已经成长为一个能独立思考的少年了。但是，在这几年中，朱自清经历了很多，国家大事是改朝换代，他很快就剪去了辫子；家庭大事是父亲升官了，由江西石港调任江苏宝应厘捐局局长；个人大事是母亲张罗着朱自清的婚姻大事。而给朱自清全家及他个人人生道路带来重大影响的变故也发生在这一时期的 1912 年。辛亥革命后，原晚清扬州镇守使徐宝山摇身一变，在扬州成立了军政分府，自任司令。他专找清朝政府旧官吏敲诈勒索，以逮捕和杀头要挟。朱自清祖父做了多年官，积蓄也许并不丰富，勉强维持一大家子生活而已。但名声在外，加上父亲也一直在外做事，又当了厘捐局局长，在地方上也是个肥缺。于是徐宝山找到朱家，以"协饷"为名，向朱家勒索钱财。朱则余为了家人的安全，也为了保全自己的"面子"，只好捐出了大半家财。但终因心力交瘁而得了中风。朱国华在《对大哥朱自清青少年时期的回忆》里写道："当我家住在扬州弥陀巷时，祖父菊坡公年老中风，半身不遂，走动需要人搀扶。那时大哥十三四岁，常常帮助家人将祖父搀到大门口坐在高门槛上，让他散散心，深得祖父母的钟爱。"朱自清家从此走向了衰败。

因为被强盗敲诈，朱则余遭受了极大的打击，也心有不甘，咽不下这口闷气，终于在不久后就郁闷辞世了。

这个徐宝山究竟是什么人，什么来头，竟如此厉害？据史料记载，徐宝山是镇江人，生于 1866 年，早年在江淮一带贩卖私盐，后加入青帮，又联络洪门，自己创立"春宝山"山堂，经多年经营，手下有一支颇具实力的帮会武装。这些人拿钱办事，都肯为他卖命，经多年打打杀杀，招兵买马，更是吸引了不少游手好闲之徒加入他的组织，使其实力更加强大。徐宝山有了本钱，继续扩大势力，贩卖私盐，盘踞在十二圩、七濠、瓜洲等地。随后又沿长江两岸东西方向同时发展，成为盘踞一方的霸主。2014 年 9 月 22 日，《扬子晚报》刊登一篇文章，叫《镇江枭雄徐宝山齐名黎元洪》，撰稿人是江苏省档案局的袁妍、蔡红和扬州市档案局的柏桂林、薛梅、雍俊以及《扬子晚报》记者陈婧。这篇文章对徐宝山和他的帮会武装有专门的介绍，因文章太长，经过综合，缩减如下。

由于徐宝山生性狠毒，杀人如麻，晚清的缉私营都怕他，不敢阻拦他的恶行，也不敢抓捕他，往往一听说是徐宝山的人要路过，立即放行。到了 1899 年，徐宝山的名声已遍及沿江各地了，在长江中下游一带，所有口岸码头都有徐宝山运销的私盐。而这期间，大运河沿岸和长江沿岸，更是有不少土匪打着"春宝山"的旗号无恶不作。1900 年，徐宝山摇身一变，成了清朝的大员，被任命为新胜（水师）缉私营管带。两江总督刘坤一又任命徐宝山兼虎字陆营管带。有了这两项官帽，徐宝山感恩戴德，竭力帮助清政府控制地方治安。在他的强压下，不到几年，原本盐枭遍地、帮会林立、土匪丛生的江淮一带秩序井然，盐务专卖有了保障，民间缙绅、盐商更是一片颂扬声，徐宝山一时也声名大振，更有人给他起绰号"徐老虎"。朱自清的父亲朱鸿钧就是在这时期来到邵伯，做起小官来的。但朱鸿钧的官太小，还不够格被徐宝山赏识。1903 年，徐宝山又听从清廷指令，和清军一起，将他以前的绿林盟友曾国璋剿杀，并因功而擢升为江南巡防营帮统。后来又帮助清政府干了不少坏事。1911 年 10 月，武昌起义爆发后，同盟会会员林述庆、李竟成奉命到镇江酝酿光复，住在江边的三益栈。三益栈老板的妹妹正是徐宝山儿媳，弟弟又是李竟成妹婿。李竟成利用这一层关系，与徐宝山接上了头。林述庆也派人做徐宝山部下的工作。善于投机钻营的徐宝山见反清浪潮不断高涨，清政府已摇摇欲坠，加之自己的部下日益倾向革命，于是见风使舵，开始倒向革命势力。但他不忘利用这一时机，向林、李二人索取利益。经过一番讨价还价，11 月 3 日，徐宝山到三益栈同林述庆、李竟成立约，"将来革命成功，许以（徐）特别扬磋利益"。1911 年 11 月 7 日，徐宝山宣布镇江光复。一江之隔的扬州在资产阶级革命党人孙天生的发动下，举行起义，也宣布光复。孙天生的行动触怒了扬州绅商，他们以孙天生在扬州暴动抢劫为名，不断派人到镇江，要求都督林述庆派徐宝山率部到扬州镇压孙天生。徐宝山一向把扬州视为自己的地盘，不许别人染指，他恨不能立即将孙天生等人斩尽杀绝。镇江的资产阶级革命党人对孙天生此举也极为不满。李竟成说："孙天生不该发展个人野心，不通知我等就去独占扬州。"他们污称孙天生等人为假革命党人。为发展自己的势力，林述庆很快答应了扬州绅商的要求，命江北部队司令李竟成会同徐宝山光复扬州。徐宝山随即组织手下的亡命之徒几百人，编成敢死队，连夜赶赴扬州，经几天搜杀，镇压了孙天生，并且出兵泰州、兴化、东台、盐城、阜宁等地，帮助各地光复，维持地方治安。11月9日，徐宝山在扬州成立军政分府，自任司令，当上了扬州的土皇帝。1912年1月1日，孙中山就任中华民国临时大总统，宣布中华民国成立，徐宝山"反正"有功，其部队被扩编成"国民革命军第二军"，授上将军衔，兼扬州军政长，坐镇扬州，统辖苏北地区。1912年3月，南北议和，袁世凯窃取了民国政权。这时徐宝山又投靠袁世凯，对之极力逢迎。如前所述，徐宝山统治扬州后，开始了一系列敲诈，朱则余家首当其冲。

为什么说国昌则民昌，国盛则民盛呢？盖因为个人、家庭和国家的命运密切相关。而国衰，则民衰，也是不破的真理，遭殃的，永远是老百姓。从以上缩写编摘的文字中可以看出，徐宝山为人，既凶残，又狡诈奸猾、见风使舵。

朱家在如此动荡的局势下，走向衰败也就成了必然。

3

朱则余死后，朱自清的父亲朱鸿钧在惊惧中办完丧事，也累倒了，得了伤寒病，只好辞了厘捐局局长的职务，到梅花岭史公祠西厢房养病，一住就是四个月。史公祠是纪念明末兵部尚书史可法而专门修建的，在扬州广储门外的梅花岭。朱鸿钧养病固然是真，躲避灾祸或许也是实情，因为还担心徐宝山的势力继续给朱家带来麻烦，朱家再也经不起任何动荡了。养病的四个月里，朱自清每天都去史公祠探望父亲，然后拿出带来的书，登上梅花岭，或读书，或远眺。朱国华在《对大哥朱自清青少年时期的回忆》中有过对这段生活的描述："他非常景仰史可法的坚贞不屈、拒绝投降、困守孤城、以身殉国的献身精神，常常走到梅花岭畔凭吊史公。他对那里的一草一木、一抔黄土，似乎都有浓厚的感情，久久徘徊，不忍离去。当我们父亲在史公祠养病时，他更是每日必来，探望过父亲的病以后，便登上梅花岭，坐在史公墓旁阅读书籍，不经家人催促，几乎连吃饭时间都忘了。"朱自清读书认真，投入忘我之余，还常常吟咏，根据书中内容，作些怀古诗词，也或对眼前的风景歌咏赞颂，对时下的风气把脉评判。特别是对史可法，更是钦佩，写过几篇凭吊诗。可惜，少年朱自清在梅花岭上写的诗词都散佚了。尽管没有留下一篇文字、一首诗词，但文学的种子已经在此时的朱自清心中萌芽。朱国华这篇文章中还讲了朱自清和表哥关于剪辫子的一个故事："1912 年（民国元年），祖父病故，表哥季鸿年和他的母亲从南京来我家吊唁，当时的男子很多剪去了辫子，但当表哥进入我家时，脑后还拖着一条长长尾巴，大哥看到了，劝他赶快剪掉，遭到拒绝。大哥便邀同西邻王仁寿大哥等再三劝说，季才勉强剪掉，但仍用网络挂在脑后，走来走去，恋恋不舍。大哥趁他不留意，一把抢过，跑出大门，扔在瓦砾山角落的深坳里了，惹得大家大笑一场。"

也是在 1912 年，朱自清到安徽旅扬公学高等小学读书，进入人生另一个重要阶段。朱自清在《我是扬州人》里提到他几位老师，先说国文是跟私塾老师戴子秋学的，又说："我的英文得力于高等小学里的一位黄先生，他已经过世了。还有陈春台先生，他现在是北平著名的数学老师。这两位先生讲解英文真清楚，启发了我学习的兴趣。"多年后，朱自清在《看花》一文里，记录了高小读书时的一个有趣故事：

在高小的一个春天，有人提议到城外 F 寺里吃桃子去，而且预备白吃；不让吃就闹一场，甚至打一架也不在乎。那时虽远在五四运动以前，但我们那里的中学生却常有打进戏园看白戏的事。中学生能白看戏，小学生为什么不能白吃桃子呢？我们都这样想，便由那提议人鸠合了十几个同学，浩浩荡荡地向城外而去。到了 F 寺，气势不凡地呵叱着道人们（我们称寺里的工人为道人），立刻领我们向桃园里去。道人们踌躇着说："现在桃树刚才开花呢。"但是谁信道人们的话？我们终于到了桃园里。大家都丧了气，原来花是真开着呢！这时提议人 P 君便去折花。道人们是一直步步跟着的，立刻上前劝阻，而且动起手来。但 P 君是我们中最不好惹的，"说时迟，那时快"，一眨眼，花在他的手里，道人已跟跄在一旁了。那一园子的桃花，想来总该有些可看；我们却谁也没有想着去看。只嚷着，"没有桃子，得沏茶喝！"道人们满肚子委屈地引我们到"方丈"里，大家各喝一大杯茶。这才平了气，谈谈笑笑地进城去。大概我那时还只懂得爱一朵朵的栀子花，对于开在树上的桃花，是并不了然的；所以眼前的机会，便从眼前错过了。

从这段文字中看出来，朱自清性格中也有顽皮、淘气的一面，居然跟着一群同学去"闹事"玩。

祖父死了，朱自清也一下子长大成人了，开始懂得关心弟妹、体贴父亲了。朱国华在《忆大哥朱自清》一文里讲述了一件事："记得我六岁那年，我家有个同族朱姓，男孩死了，只有一个女儿，经族人公议，要将我入继到他家继承宗祧。大哥当时只有十四岁，他竭力反驳说：'他家既然有女儿，儿和女都一样的，为何还要别人的儿子入继呢？'以后因为族人和家长再三商恳，我终于入继他家。这是一个势利的有钱人家。我家很穷，债台高筑，他家是花天酒地，但待我非常苛刻。每逢他家死了人，我总是披麻戴孝，守立灵旁。为这事，大哥暗地里哭过好几次。"最后的结果是，在"大哥成年以后，竭力支持我摆脱过继关系，出面收回了入继凭据"。

4

1913年春，袁世凯暗杀了国民党代理理事长宋教仁。朱自清闻后，十分愤慨，撰写了长歌《哭渔父》，以示悼念。这篇可能是朱自清怀着愤慨之情而创作的长歌，早已亡佚，但仅从标题三字，也能大致看出朱自清一腔正义的情怀。这时候的朱家，已经支撑不起家庭的日常开销了，偌大的房子显得空空荡荡，极为萧条。为维持日常开销，只好把弥陀巷的大房子卖掉，搬到了南皮市街。这也是一条古老的街巷，而朱家大门东向的这所房子更为古旧破败。

所谓南皮市街，就是皮市街的南段，因为皮货商在这一带非常集中而得名。除了皮货，街上还有其他扬州特色店，卖糕点的，卖剪刀的，修脚的，还有"皮包水"等店铺，有一家叫"云蓝阁"的纸店名气不小，专营各种纸笺、笔墨和扇面等书房用品。这时候的朱自清已经考入两淮中学，上学放学路上，或休息日里，想必也和同学们常来这家店铺逛逛，看看纸笺扇面，就是在这家店铺买过学习用品也是有可能的。这是一条具有典型扬州风范的古老街市，石板铺地，街两侧分布的大大小小的店铺更是被招幡、牌匾所点缀，朱自清穿梭往返在这条街巷里，思想和情感随着不停奔忙的脚步，也渐渐走向成熟了。

就在朱家搬来的前后，国内政治形势发展已经相当尖锐，袁世凯同革命党人的矛盾日益不可调和，种种不和谐的声音四处泛滥，甚至有爆发冲突的可能。扬州地处长江流域的战略要地，各方势力都希望在这里争得一席之地，革命党方面更是把这里当成自己的堡垒，试图"沪宁并举，联成一线"，从这个角度看，扬州、镇江非得手不可。若取得扬州、镇江的控制权，进可北上取得徐州、中原，退可以夺取长江，如失去扬、镇，上海和南京之间就被打入楔子，会南北不顾，左右为难，有可能烽火还未举，就败局已定，为此，革命党人极力拉拢扬州的军阀徐宝山，劝说他反对袁世凯，支持革命党。经历过无数风浪的徐宝山老奸巨猾，精于算计，对来说和的人"笑而遣之，若无其事"，这副爱理不理的样子，实际就是不理。与此同时，却接受了袁世凯派人送来的巨资二十五万元。为了表示对袁世凯的忠心，他还把儿子送到北京，其实就是充当袁世凯的人质。徐宝山的行为激怒了革命党人，革命党人开始策划除掉徐宝山。耳目众多的徐宝山很快就得到消息。但是，徐宝山仗着一身武艺和多年建立起来的流氓网络，加上号称拥有两万兵马，对社会上流传的暗杀他的流言嗤之以鼻，不屑一顾。而革命党人在经过一段时间的精心准备后，于1913年5月，在张静江的精心组织下开始实施计划。张静江以送古董瓷瓶为诱饵，在瓷瓶里安放了炸弹，炸死了徐宝山。据相关资料记载，徐宝山酷爱古董，当古瓷瓶送来后，徐宝山于5月23日晚间，和他的两个部属到房间里欣赏古瓷瓶，他的部属因为知道盒内是十分珍贵之物，不敢用力，没有打开盒盖。徐宝山命令他靠边，和另一部属一起用力开盒。徐宝山怕盒子震动致古瓷瓶损坏，就用腹部抵住盒子。就在盒盖刚一启开之时，一丝青烟冒出，徐宝山虽然大叫"不好"，但已经迟了，就算他武艺再高，身手再敏捷，也敌不过炸弹，不等他转身欲逃，一声巨响，一代"扬州王"徐宝山便血肉横飞，当即毙命。

徐宝山被炸死的消息，在扬州引起轰动，受过他敲诈的人家更是一解心头之恨。朱家闻讯，也终于松了一口气，心里的一块石头落地。周锦在《与朱玉华女士谈朱自清》一文中有采访记录，在说到朱家被敲诈时，朱玉华说："我家是民国元年，让假革命党弄穷了的，不过那个坏蛋，在第二年也就让真的革命党炸得粉身碎骨了。"

5

时间很快就到了1915年。年初，日本帝国主义向袁世凯提出"二十一条"作为袁世凯复辟称帝的条件，并于5月7日发出最后通牒，迫使袁世凯接受不平等条约。此事引起众怒，举国掀起抵制日货的浪潮。扬州不是世外桃源，朱自清此时已经是江苏省立第八中学的学生了，暑假期间，和同学们也积极投入这场运动中，他一面跟着宣传大队上街讲演，一面组织青少年从事义卖国货运动。尚在小学读书的三弟朱国华也在他的鼓动下，一起参加义卖国货活动。到了这年冬天，袁世凯更是违背民意，下令恢复帝制。朱自清和同学们得悉此事后，心情沉重。朱国华回忆说："大哥和同学七八人团团围坐着低声讨论，我恰从后厅走近，只听大哥讲：'两年前宋教仁遭暗杀，现在又要一手遮尽天下耳目，帝制自为，真是太不顾民意了！语云，物极必反，我想凡是顺从民意的，必定取得最后成功，而那些倒行逆施违反时代潮流的独夫行动，一定不会长久的。'"（《对大哥朱自清青少年时期的回忆》）

朱自清的中学时光，正是中国社会变革最大的时期，封建社会的残余势力还很强大，新思想新思潮正在萌芽，朱自清的思想也随着新思潮新思想的萌芽而发生着变化。朱国华在《对大哥朱自清青少年时期的回忆》一文中说："当大哥在中学读书时，母亲经常诵经拜佛，有一次，她老人家听父亲说，住在府西街的王凤墀伯伯在城外邗沟财神庙烧香许愿后，买了彩票，果然中了头彩。这位王伯伯和父亲是至交，经常到我家来，我也认识。母亲一听，非常激动，就在旧历正月初五财神诞日前夕，特地预约了车辆，准备翌晨专程到邗沟财神庙烧香许愿。恰逢大哥寒假在家，听到了连忙进来劝阻：'您老人家平日信佛诵经，这属于信仰自由，我并不反对；可是为了发财去烧香许愿，就完全属于迷信活动，我可不赞同。因为每年到财神庙烧香的人上千论百，大家对发财致富同样具有诚心，如果财神有灵，何以多年来，只听说王伯伯一人中头彩呢？其实发行彩票，不过是骗取钱财、在众人头上刮一把，至于个别买主的偶然中彩，同样是迷惑民众的把戏，哪能常常有呢？'母亲听了觉得有道理，便回掉了预订的车辆。"朱国华继续回忆道："大哥的青少年时代，充满了对美好理想的憧憬。他热爱祖国，也热爱生活，热爱人民。在休假日，他常常和友辈们登山临水、觅胜探幽，凡是名胜古迹，如平山堂、小金山、大明寺、瘦西湖、梅花岭、何园等处都留下了他们的足迹。他们常泡一壶清茶，无拘无束地谈论，有时写诗作文，有时研讨学术，充分表现了他们的青春活力和对祖国大好河山的热爱。"朱自清大学毕业后在江南各地教书和到清华任教时都喜欢旅游，可能从中学时期就养成这个习惯了。朱自清对于穷苦人民的同情心，也是从青少年时期就养成了。朱国华说："他对贫苦人民有着深挚的感情。大约在1915年冬季，一个北风怒号、飞着雪花的早晨，一个老年病人蜷缩在琼花观外门角落里，浑身打颤。大哥看到后，便赶回家里，找了一件棉袍送给他，并帮他披在身上，那位老人感动得流下了热泪。大哥在那样的时代，处处见到在饥寒交迫中挣扎的劳苦大众，时时听到他们的痛苦呻吟，他热切地憧憬着人民大众的翻身解放，但是，这一天何时才能到来呢？他久久地思索着，等待着。"

6

朱自清爱读书的习惯，从小就养成了，正如朱国华在回忆文章中所说，虽然家中藏书不多，但也还有一些，经史子集各门都有，如《论语》《孟子》《易经》《诗经》《史记》《汉书》《韩昌黎集》《柳河东集》等，这些书，伴随着朱自清从小学到中学。进入中学以后，朱自清又迷恋起小说来，《聊斋志异》和林译小说，想方设法找来看，不是借，便是买。朱自清在《买书》一文中说："在家乡中学时候，家里每月给零用一元。大部分都报效了一家广益书局，取回些杂志及新书。那老板姓张，有点儿抽肩膀，老是捧着水烟袋；可是人好，我们不觉得他有市侩气。他肯给我们这班孩子记账。每到节下，我总欠他一元多钱。他催得并不怎么紧；向家里商量商量，先还个一元也就成了。那时候最爱读的一本《佛学易解》(贾丰臻著，中华书局印行)，就是从张手里买的。那时候不买旧书，因为家里有。只有一回，不知那儿检来《文心雕龙》的名字，急着想看，便去旧书铺访求：有一家拿出一部广州套版的，要一元钱，买不起；后来另买到一部，书品也还好，纸墨差些，却只花了小洋三角。"

而对于家中的弟妹们的学习和日常生活，朱自清也是非常的友爱。朱自清妹妹朱玉华在回忆朱自清这一时期的生活时，有过亲切的回忆："大哥和二哥都很喜欢读书，但是两人的脾气完全不同。我和三哥爱玩，书背不出来，大哥总是轻轻地说：'再读，再读！再读几遍就会了的。'二哥就不一样了，讲书只有一遍，背不下来就敲桌子、罚跪，'跪到门外去读'几乎是二哥的口头语。有一次，我被二哥吓得读不出来，大哥赶忙跟二哥说：'我来教四妹，你教三弟吧！'还有一次，我们被二哥处罚，跪在门外读书，听到大哥轻声地和二哥讲，'女孩子跪着不好看，叫她们起来吧！'可是二哥不答应。大哥没有办法，只好来带着我们把书读熟了。"朱自清对妹妹的关心，还体现在帮妹妹解除婚约的事情上。据朱国华在《忆大哥朱自清》一文中说："我的幼妹七岁那年，由家长许婚某氏。到她成年后，听说此人眠花宿柳，品行不好，妹妹不同意这门亲事。可是在当时的社会里，父母之命、媒妁之言是无法更改的，妹妹十分为难、痛苦，命运将无情地把她的终身托付给这样一个花花公子！大哥耐心地说服了父母，几次去信向对方表明自己的意见。经过反复交涉，终于解除了婚约。"朱国华在另一篇文章《对大哥朱自清青少年时期的回忆》中还说了朱自清另一件事："自清大哥进入了中学。每逢父亲在家，常有很多朋友来访，且有个别老友长期在家居留，如王海波伯伯，原是小贩出身，后厕身武职，和父亲交谊很深。有一次从安徽盱眙县携眷属二人来扬州，在我家耽留了年余，大哥对他们都很尊敬，礼貌待人，很受父执的器重。"当时的安徽盱眙县还没有划归江苏。朱国华又说，朱自清"对勤杂人员也非常尊重，从不摆少爷的架子。在我家帮工的勤杂人员，常常伴同大哥出城游览，或到教场吃茶、听书，由于他和蔼可亲、平等待人，在他们中间留下了很深的印象。几十年以后，全国解放了，一位曾在我家帮厨的老人还到处打听大哥一家的消息，缅怀他少年时的音容笑貌。"朱国华还回忆了朱自清的读书生活："我家中藏书不多，但经史子集方面都有一些。大哥读中学时，每当回家做完作业后，经常认真选读，认为比较重要的部分随时写下学习心得，还经常提出疑难问题和学友们共同研讨。至于研讨的方式，也是多样化的。或是由少数人先提出学习心得或疑问，大家轮流作针对性的发言，最后将相同的和不一致的看法、意见抄录下来，以备日后重行探讨；或是先提出问题，大家围绕着自由发表意见。象这样的研讨，不拘形式，进行起来很随便，发言也很自由，目的在于使参加者在有计划的引导下，自由发表思想，达到取长补短、共同提高的目的。"这样的学习方法，为以后在做学问方面养成了良好的习惯。朱国华接着说："因为家中藏书数量有限，为了补充、更新知识，他经常向友辈借阅或转请扬州贤良街志成书局代向上海订购有关书籍，这种事情多半由我代劳。""在小学和中学时代，大哥就对文天祥、史可法等抵御异族入侵、身殉社稷的民族英雄极为崇仰。他最爱文天祥的《正气歌》，经常抄录诵读，对文天祥的'人生自古谁无死，留取丹心照汗青'的名句，更是反复朗吟，连幼弟弱妹都几乎耳熟能详了。"

书读多了，阅历也广了，朱自清开始尝试着写作，他在《关于写作答问》一文中说："中学时代曾写过一篇《聊斋志异》式的山大王的故事，词藻和组织大约还模仿林译小说，得八千字。写成寄于《小说月报》被退回。稿子早已失去。那时还集合了些朋友在扬州办了一个《小说日报》，都是文言，有光纸油印，只出了三天就停了。自己在上面写过一篇《龙钟人语》，大概是个侠客的故事，父亲讲给我听的。"也许，这三期油印的《小说日报》还藏在某位藏家的书箱里，那样的话，这篇文言小说《龙钟人语》也就能生见天日了。

7

如前所述，在朱自清的创作生涯中，除在其他文章里谈过扬州，他自己专门写扬州的文章，主要是三篇散文，《我是扬州人》《说扬州》《扬州的夏日》。这三篇文章，对扬州的描写都有侧重。《我是扬州人》里，主要写他及其一家和扬州的关系以及对扬州人的看法。《说扬州》是因为易君左的《闲话扬州》和曹聚仁的《闲话扬州》引起的，概说了朱家在扬州衰败的原因和扬州的吃食。而《扬州的夏日》正如标题一样，着重写了扬州夏天的美景，在说到瘦西湖的时候，朱自清有自己的评价："扬州的夏日，好处大半便在水上——有人称为'瘦西湖'，这个名字真是太'瘦'了，假西湖之名以行，'雅得这样俗'，老实说，我是不喜欢的。下船的地方便是护城河，曼衍开去，曲曲折折，直到平山堂，——这是你们熟悉的名字——有七八里河道，还有许多杈杈桠桠的支流。这条河其实也没有顶大的好处，只是曲折而有些幽静，和别处不同。"如今，"瘦西湖"还叫着，似乎也没有拿它和西湖比了。朱自清因为自小在瘦西湖畔长大，北大一毕业就工作在西子湖畔，两湖在他心中都留下深刻印象，所以才有自己的评说。接下来，他主要还是说扬州护城河的水和水边的吃，描写细致有味："沿河最著名的风景是小金山，法海寺，五亭桥；最远的便是平山堂了。金山你们是知道的，小金山却在水中央。在那里望水最好，看月自然也不错——可是我还不曾有过那样福气。'下河'的人十之九是到这儿的，人不免太多些。法海寺有一个塔，和北海的一样，据说是乾隆皇帝下江南，盐商们连夜督促匠人造成的。法海寺著名的自然是这个塔；但还有一桩，你们猜不着，是红烧猪头。夏天吃红烧猪头，在理论上也许不甚相宜；可是在实际上，挥汗吃着，倒也不坏的。五亭桥如名字所示，是五个亭子的桥。桥是拱形，中一亭最高，两边四亭，参差相称；最宜远看，或看影子，也好。桥洞颇多，乘小船穿来穿去，另有风味。平山堂在蜀冈上。登堂可见江南诸山淡淡的轮廓；‘山色有无中’一句话，我看是恰到好处，并不算错。这里游人较少，闲坐在堂上，可以永日。沿路光景，也以闲寂胜。从天宁门或北门下船，蜿蜒的城墙，在水里倒映着苍黝的影子，小船悠然地撑过去，岸上的喧扰象没有似的。"如果没到过扬州，这挥汗吃猪头的场面大概也能想象得到，五亭桥的景色也别有风致，平山堂的喝茶小坐也可永日。朱自清环环相扣地又写了水里的船："船有三种：大船专供宴游之用，可以挟妓或打牌。小时候常跟了父亲去，在船里听着谋得利洋行的唱片。现在这样乘船的大概少了吧？其次是‘小划子’，真像一瓣西瓜，由一个男人或女人用竹篙撑着。乘的人多了，便可雇两只，前后用小凳子跨着：这也可算得‘方舟’了。后来又有一种‘洋划’，比大船小，比‘小划子’大，上支布篷，可以遮日遮雨。‘洋划’渐渐地多，大船渐渐地少，然而‘小划子’总是有人要的。这不独因为价钱最贱，也因为它的伶俐。一个人坐在船中，让一个人站在船尾上用竹篙一下一下地撑着，简直是一首唐诗，或一幅山水画。而有些好事的少年，愿意自己撑船，也非'小划子'不行。'小划子'虽然便宜，却也有些分别。譬如说，你们也可想到的，女人撑船总要贵些；姑娘撑的自然更要贵啰。这些撑船的女子，便是有人说过的'瘦西湖上的船娘'。船娘们的故事大概不少，但我不很知道。据说以乱头粗服，风趣天然为胜；中年而有风趣，也仍然算好。可是起初原是逢场作戏，或尚不伤廉惠；以后居然有了价格，便觉意味索然了。"朱自清把扬州夏天的精彩之一的"小划子"及其船娘都写出来了。朱自清在小时候随父亲大概坐过不少次船，那随意的听"谋得利洋行的唱片"的一笔，可能造就了朱自清在很多年以后，于欧洲游学期间买了一架留声机和大量唱片吧。而行船之中或下船之后，饮茶也是必不可少的消闲："北门外一带，叫做下街，'茶馆'最多，往往一面临河。船行过时，茶客与乘客可以随便招呼说话。船上人若高兴时，也可以向茶馆中要一壶茶，或一两种'小笼点心'，在河中喝着，吃着，谈着。回来时再将茶壶和所谓小笼，连价款一并交给茶馆中人。撑船的都与茶馆相熟，他们不怕你白吃。"说到这种小笼点心，朱自清由衷地夸道："扬州的小笼点心实在不错：我离开扬州，也走过七八处大大小小的地方，还没有吃过那样好的点心；这其实是值得惦记的。"那么，茶馆呢，朱自清也不吝赞美之辞："茶馆的地方大致总好，名字也颇有好的。如香影廊，绿杨村，红叶山庄，都是到现在还记得的。绿杨村的幌子，挂在绿杨树上，随风飘展，使人想起'绿杨城郭是扬州'的名句。里面还有小池，丛竹，茅亭，景物最幽。这一带的茶馆布置都历落有致，迥非上海，北平方方正正的茶楼可比。"从河中游玩回来叫"下河"，朱自清最后说："傍晚回来，在暮霭朦胧中上了岸，将大褂折好搭在腕上，一手微微摇着扇子；这样进了北门或天宁门走回家中。这时候可以念'又得浮生半日闲'那一句诗了。"

在那时候，扬州还是一个休闲的城市，而朱自清的青少年时期，便认真多次地领略过扬州夏日的美景和美食了。纯真而美好的少年时代结束了，1916年秋天，朱自清考入了北京大学文预科，告别了扬州，开始了北京大学的求学之路。此后，扬州的故乡，成为他人生旅途中的重要驿站和心神惦念之地了。

扬州的故居

　　现在，位于扬州市安乐巷 27 号的朱自清故居，已经是著名的文化景点了，许多外地朋友到了扬州，都要到朱自清故居去看看，瞻仰一下朱自清一家当年居住和生活过的居所，追忆朱自清一生的生活轨迹、学术成果和文学地理，缅怀先生的完美人格。

　　这是一所三合院，门向东开，清代建筑，属于典型的扬州民居。

　　但是，这幢建筑并不是朱自清在扬州唯一的居所。事实上，朱自清在扬州一共居住过七个地方，据朱国华在《朱自清在扬故居踪迹》一文中透露，朱自清的父亲朱鸿钧是于 1903 年从邵伯搬到扬州，并迎养从海州任上退休的朱则余的。当时的房子在扬州城内天宁门街，是和朱姓同族同门居住的，朱自清的三弟国华和妹妹玉华就出生在这里。这是一幢很气派的房子，仅门楼里的屏风就有八扇。

朱家在这里一直住到 1909 年，才第二次搬家，搬到了天宁门街弥陀巷内中段西面小巷内。朱自清的祖父、海州承审官朱则余就是在这里遭到徐宝山的敲诈勒索，于惊恐、气愤中去世的。这条巷子里，当时只住着朱自清和另一户人家："西邻王姓是自己的房子。他家儿子王仁寿，从小经常和大哥二哥一道玩。"（朱国华《朱自清在扬故居踪迹》）隔壁的"王大哥"，朱自清后来在文章里也有提及，他和朱氏兄妹关系都不错，朱国华还透露："1947 年清明节，我从苏南返扬扫墓，路过弥陀巷，想去看望王大哥，走到他家门外，看见门上还是贴着那副'雅韵追摩诘，风流步右军'的对联，我很高兴，叩门进去，只看到他的老伴和爱女，问起王大哥在哪里工作，他的老伴回答：'还是吃笔杆子饭，不过他已在泰兴另成家室，不想回来了。'我听了，不禁怅然，深有'门庭依旧，人事已非'之感。"其实，朱国华的感想哪里只是针对"王大哥"啊，他们朱家同样如此——如果不是朱则余去世，也许在这里还会多住些年呢。

朱自清家在这里一直住到 1913 年，第三次搬家时，搬到了南皮市街，朱国华在文章中说："大门东向，门板和门沿是用铁皮包钉的。通过大门楼便是八扇屏门，进了屏门，过了院落，便是大厅和两进内宅，各有天井隔开。大哥读中学时经常住在大厅旁边厢房里。在后进内宅西南另有一座两层楼房，不住人，由房主堆置一些家俱什物。西北角通过厨房有后门通向真君巷。"朱自清一家在这里住的时间不长，约两年时间。

朱自清家第四次搬家是在1915年，搬到了琼花观街东首，西距芍药巷约一箭之遥，这是一所大宅子，朱家在这里一直住到1922年夏季。据朱国华在文中说："大门南向，通过大门内门楼，进入屏门，是一个长方形的院落，南面有耳房三间。向北通过果园，东面有住房三进，当时是房主和孙姓居住的。我家住在西边，进入东向的二门走过花圃，前面是一座朝南的大厅，后面有两进内室。由二门内花圃通过八角门向北弯进，走过长长的火巷到达厨房，厨房有三大间，开启了后门，通过芍药巷中段的银锭桥。"这又是一所大宅子，朱玉华在接受周锦采访时，说他们家原住在八中附近，进门有个大院子，向里去房子很多，共有七进。所说就是指这里。很多年以后，这户房东张嘉瑞的小儿子、小时候和朱物华一起玩的张世璘先生，撰写的《我和朱自清家的交谊》一文，也介绍了这所房子："于清光绪年间，购得琼花观街房屋一所。这处房屋很大，建筑面积约在1000平方米左右。前面有一个大院子，种果木等树数十株，后面分东西两部分，面积大致相等，东宅有房屋三进，后进有楼，西宅有一厅和两进住宅。东西宅之间有墙隔开，西宅大厅处有一八角门通大院子。"张世璘在文中还回忆了朱家的家庭结构和他们一家包括他本人和朱家的关系："从此我们两家共一个大门出入，不但朝夕晤面，守望相助；而且情投意合，过从甚密。朱家一住八年，直到民国十一年（1922）夏因人丁兴旺才搬走……朱家搬到琼花观街时家中有八口人：祖母吴太夫人、朱小坡、两位夫人（朱自清生母周夫人，绍兴人，庶母淮阴人。）以及朱自清兄妹四人。其中物华一直在上海读书，后又长期在国外留学和工作，不太熟悉；其余朱家长幼均亲如一家。"张世璘是以朱自清同辈人的口气说的，"周夫人为人和蔼可亲，精神健旺。她和家母感情极好，亲如姐妹，朝夕形影不离。她说话带浙江口音，家母则带四川口音，两人交谈起来，非常高兴，毫无语言障碍。她看我小时聪明伶俐，一定要我拜给她做干儿子。家母便择日举行了拜干亲仪式，从此我便以'干娘'称呼她。她一有好吃的东西，总把我喊过去吃，或买些新奇的玩具给我玩耍。干娘长得并不太瘦，因庶母很胖，亲友四邻为了区别起见，均对干娘昵称'瘦朱太太'。干爷小坡则体型较胖，个子不高，为人沉默，不多言语。1916年初夏在一个风雨交加的夜里，家父因暴病去世，家母痛不欲生，欲寻短见，多亏干娘多方劝解安慰，才免于一死。"张世璘有个同胞哥哥张世琦，字申伯，生于1896年，比朱自清大两岁，和朱自清一起都在八中读书，张世璘也有介绍，说两人"感情甚好，早则同去，放学同归。后来又同赴北京投考北京大学"。对于国华和玉华的感情，张世璘说："我除去拜朱母为干娘外，又和国华、玉华要好，家姐世珉又与玉华特别亲密，宛如姐妹。国华、玉华为人都很热情，每次家母去时，他们都很有礼貌，对我则看作小弟弟。国华在学习上对我指导和帮助甚多。他在五师毕业后曾当过教师，后来考入厦门大学法学院，1934年毕业时成绩为该院第一名，以后一直在法律界工作，解放前在无锡法院任职，爱人家住松江。后来我和国华总爱追忆童年岁月。"关于这幢住宅，朱国华认为和朱自清关系最为密切，因为朱自清中学毕业、入京考取北大预科、和武钟谦结婚生子、在第八中学担任教务主任，都是住在这座房子里的，长子朱迈先也出生在这里，把这座房子定为"朱自清故居"，是最合适不过了。朱国华说："但我的侄子朱闰生前两年特地到扬州访问，才知此房已经改建成工厂，破坏了原有的风貌，当然不可能再定为故居来纪念了，这是很惋惜的。"朱自清的祖母吴太夫人，也是在这座房屋中去世的，朱自清从北京大学取道徐州，会同父亲一起回家奔丧，就回到了这所宅子。张世璘也说："解放后此处房屋整个改成工厂，先是'针织厂'，后又换成'工农制鞋厂'，1983年春又换成'塑料三厂'。可以说，除一片地基外，已经是面目全非，毫无恢复原状的可能了。"（《扬州文史资料》第7辑《我和朱自清家的交谊》，张世璘著）

　　1922年夏天，朱自清家再次搬家，这是第五次，搬到南门街禾稼巷，这是一座朝南的三间两厢的房子，搬进去只住了半年，朱自清的小家已于此时搬到了朱自清任教的学校，因此也没有去住过。

朱自清家第六次搬家是在 1922 年秋，搬到了东关街仁丰里，朱国华在《朱自清在扬故居踪迹》里说："这距东关城门不很远，坐落在街北的一条不通行的小巷。小巷里住户不多，我家房子的大门东向，通过门楼和两扇屏门，进入内宅。这是一座有串楼的庭院。楼上下南向各三大间，是正房。对面是较窄狭的走廊，放置点杂物，也可作为白天的休憩处所。楼上串廊的南墙原有一个三四平方尺的窗户，可从窗内俯瞰邻屋屋顶，当时家人戏称为'南天门'，天热时，大家喜欢聚坐那里，阵阵南风扑面吹来，使人精神一爽。楼下东厢是灶间，西厢有耳房两间，北面一间是客座。楼上西厢也是住室。大哥暑假往返经过扬州时，都住在楼下东边正房里。"朱国华在文章中还回忆了发生在这幢住宅的一件事："1928 年冬季，大哥将上海开明书店出版的散文集《背影》从北京寄回扬州，是我从邮递员手里接过送到楼上中堂给父亲看，他老人家戴上老花眼镜，将这篇文章认真仔细地看，看着看着，神采飞动，露出了欣慰的笑容，这一件发生在仁丰里旧宅的小事，使我久久不能忘怀。"朱自清的夫人武钟谦，就是在这座房子里，于 1929 年 11 月 26 日病逝的，终年 32 岁，并留下六个孩子：迈先、采芷、逖先、闰生、效武、六儿。朱自清家在这里一直住到 1930 年春。

朱自清扬州故居（安乐巷27号）

1930 年春，朱自清家第七次搬家，从东关街仁丰里搬到了安乐巷 54 号（现 27 号），这也是最后一次搬家。这是一所扬州传统的三合院式的住宅，外面有客座两间，里面东、西两边是正房。朱家搬到这里的时候，朱自清和武钟谦的几个孩子也住在这里。朱自清和武钟谦最小的孩子六儿，是在这座房子里夭折的。1932 年 7 月底，朱自清在欧洲游学结束后回到上海，8 月初和陈竹隐在上海结婚，婚后和陈竹隐一起去普陀玩了十天后，又一起回到了扬州家中，在这幢房子里住了十天。朱闰生在《魂牵梦萦绿杨情——记父亲朱自清与扬州》一文中回忆说："1932 年，我 7 周岁。一天，爷爷告诉我，我们将有一个新妈妈。不久，父亲果然带着继母陈竹隐回扬州了。她身材颀长，穿旗袍，着高跟鞋，戴眼镜。当时，在扬州，女人穿高跟鞋的很少。开始，我对这位新妈妈既陌生，又惊奇。"朱冷梅也在《我对爸爸的怀念》一文中说到朱自清回来的经过："约在我虚龄 6 岁那年夏天，爸爸从欧洲回国，偕同新结婚的继母，回到扬州探望祖父、祖母。在此期间，他们带着我们一群孩子去逛了瘦西湖和平山堂……以上这些都不是我记忆中的印象，仅是在我记事以后，从祖父、胖奶奶，以及哥哥、姐姐们的日常零零星星的谈话里所得的一鳞半爪……给我印象最深的，是我虚龄 10 岁的那年，祖母不幸去世了。三叔国华写信通知了爸爸，这年夏天他从北京回到扬州家里，可以说，这是我记忆中第一次见到爸爸，真正地听到他的声音，见到他的笑貌。因为妈妈带我回扬州，离开爸爸时，我还是一个茫昧无知的幼儿，其后，他虽和继母来过一趟，可在我的脑海里仍没有留下清晰的印象。而这次总算是记得清清楚楚的了，至今在我的记忆中留下的爸爸形象，就是这次唯一的聚晤。他的模样、身材和我的二叔物华很相象。不同的是：爸爸总是笑容可掬，和蔼可亲……这年暑假结束后，爸爸便回到北京。谁知这次分别以后，我就再也没有机会见过爸爸的面了！第二年，抗日战争爆发，北平沦陷，爸爸随学校转迁往西南，我时常想念着那一段为期不长的'天伦之乐'。"朱冷梅就是朱自清日记中的小五或效武，她的回忆文章让人读后唏嘘——相当于只见过朱自清一面的朱冷梅，出生于1928年1月11日，1929年她从北京随母南迁时，才1岁多，1932年朱自清和陈竹隐回家时也还不到5周岁，只有朱自清回家葬母时，才算真正见过朱自清一面。

现在的朱自清故居，就是在最后这次搬家的房屋基础上扩建的。目前，朱自清故居室内保存完好，部分区域得到有效保护。比如朱自清父亲的卧室、儿女的卧室和朱自清陈竹隐回家度蜜月时所住的房间等，就连朱自清庶母潘氏（孩子们口中的胖奶奶）的卧室都是原来的样子。纪念馆所陈列的书橱、烟斗和文房四宝等朱自清生前使用过的物品，是朱家后人捐献的，现在已成珍贵的文物了。

择偶记

　　我们是在读朱自清的《择偶记》的时候，才知道朱自清小时候在扬州的一些家居生活和尘封往事的。

　　《择偶记》是发表在 1934 年《女青年》第 13 卷第 3 期上的一篇散文。朱自清创作的和家庭有关的散文，还有《儿女》《冬天》《背影》《扬州的夏日》《看花》《给亡妇》《说扬州》《我是扬州人》等多篇，把这些散文对照阅读，朱自清的家事基本上有了一个轮廓。

　　和指腹为婚的大多数旧式家庭一样，还在朱自清很小的时候，他就在父亲包办下订了一桩亲事，那年他不到 11 岁，推算起来，应该是 1908 年，对方就是上文讲过的曾祖母的娘家人——乔小姐。在朱自清 12 岁那年，也就是 1909 年，那位小姐因为痨病死了。

朱自清父亲此时在江西做盐务官，本来他是和三弟国华随父前往的，因为要读书，就于前一年回来了。母亲继续为他的婚事操心着急，一有机会就托亲拜友给朱自清提亲。经常来给朱家做衣服的一个裁缝，因为走的人家多，且都是过得去的人家才请得起裁缝，接触的又多是太太小姐，朱母便托这位裁缝留心为朱自清张罗亲事。"裁缝来说一家人家，有钱，两位小姐，一位是姨太太生的；他给说的是正太太生的大小姐。他说那边要相亲。母亲答应了，定下日子，由裁缝带我上茶馆。记得那是冬天，到日子母亲让我穿上枣红宁绸袍子，黑宁绸马褂，戴上红帽结儿的黑缎瓜皮小帽，又叮嘱自己留心些。茶馆里遇见那位相亲的先生，方面大耳，同我现在年纪差不多，布袍布马褂，象是给谁穿着孝。这个人倒是慈祥的样子，不住地打量我，也问了些念什么书一类的话。回来裁缝说人家看得很细：说我的'人中'长，不是短寿的样子，又看我走路，怕脚上有毛病。"这段文字颇为波俏，写了自己的穿着，那是最时髦的少年着装了，枣红袍子黑绸马褂，红缨瓜皮小帽，真是英俊少年啊。而代表对方相亲的中年人，大概三十七八岁，一身的青布袍青马褂，加上"方面大耳"，给朱自清的印象并不好，虽然慈祥，却像是"穿着孝"。还好，朱自清被对方相中了。"该我们看人家了。母亲派亲信的老妈子去。老妈子的报告是，大小姐个儿比我大得多，坐下去满满一圈椅；二小姐倒苗苗条条的，母亲说胖了不能生育，像亲戚里谁谁谁；教裁缝说二小姐。那边似乎生了气，不答应，事情就撅了。"这次相亲虽然双方都极认真，倒像是一出轻喜剧，试想，如果和苗条的二小姐亲事成了，将来走亲戚，和胖大姨子怎么见面？在朱自清的记忆里，必是好玩的一次。

到了1910年的这次相亲，就带有悲剧意味了。朱自清的母亲爱打牌，大概坐了洋车或轿子来到隔几条街巷的一牌友家，"她有个女儿，透着聪明伶俐。母亲有了心，回家说那姑娘和我同年，跳来跳去的，还是个孩子。隔了些日子，便托人探探那边口气。那边做的官似乎比父亲的更小，那时正是光复的前年，还讲究这些，所以他们乐意做这门亲。事情已到九成九，忽然出了岔子。本家叔祖母用的一个寡妇老妈子熟悉这家子的事，不知怎么教母亲打听着了。叫她来问，她的话遮遮掩掩的。到底问出来了，原来那小姑娘是抱来的，可是她一家很宠她，和亲生的一样。母亲心冷了。过了两年，听说她已生了痨病，吸上鸦片烟了。母亲说，幸亏当时没有定下来。我已懂得一些事了，也这末想着"。想想小小年纪就得了肺结核，又抽鸦片，这个抱养的聪明伶俐的少女实在可怜。

1912年朱自清15岁了，已经是小学高年级的学生了，朱自清祖父去世，父亲生了伤寒病，家里又被军阀徐宝山勒索，可谓祸不单行。为了治病，朱家"请了许多医生看。最后请着一位武先生，那便是我后来的岳父。有一天，常去请医生的听差回来说，医生家有位小姐。父亲既然病着，母亲自然更该担心我的事。一听这话，便追问下去。听差原只顺口谈天，也说不出个所以然。母亲便在医生来时，教人问他轿夫，那位小姐是不是他家的。轿夫说是的。母亲便和父亲商量，托舅舅问医生的意思。那天我正在父亲病榻旁，听见他们的对话。舅舅问明了小姐还没有人家，便说，像 × 翁这样人家怎末样？医生说，很好呀。话到此为止，接着便是相亲；还是母亲那个亲信的老妈子去。这回报告不坏，说就是脚大些。事情这样定局，母亲教轿夫回去说，让小姐裹上点儿脚。妻嫁过来后，说相亲的时候早躲开了，看见的是另一个人。至于轿夫捎的信儿，却引起了一段小小风波。岳父对岳母说，早教你给她裹脚，你不信；瞧，人家怎末说来着！岳母说，偏偏不裹，看他家怎末样！可是到底采取了折衷的办法，直到妻嫁过来的时候"。

这次相亲，虽有小波折，也算完美成功，但小插曲却非常有意思，那位深得朱母信任的老妈子，代表朱家相亲时看到的，并非武家的大小姐。武小姐在相亲时，早躲开了，"看见的是另一个人"。幸亏不是朱自清亲自相亲，否则，结婚时发现新娘子不是他看到的小姐，更是一段佳话了。更巧的是，老妈子看到的那位"替代者"也是大脚。好在岳母大人固执，"偏偏不裹，看他家怎末样！"

朱自清考上北京大学预科是在 1916 年秋，读了一个学期的书，遵照父母之命，回扬州老家，于 1916 年 12 月 15 日在琼花观的家中和武钟谦女士举行了中国传统的旧式婚礼。朱自清是家中的长房长孙，婚礼既排场又热闹，弟弟妹妹们炸花鞭，散喜果，吃喜糖，一家人都沉浸在喜气中。朱自清的妹妹朱玉华曾在接受周锦的采访时说："大哥的婚事，从提亲到相亲，直到迎娶，都是母亲安排的，他从来不曾表示过意见。结婚那天，大哥被打扮得一副怪样子，长袍马褂，戴着瓜皮帽，斜披着彩带，还到女家去迎亲，他做得一点都不马虎。好些亲戚背后觉得奇怪，认为到北京去读了洋学堂的人，怎么还这样听话呢？"

新婚满月后，寒假也正好结束，朱自清去北京大学继续他的求学之路。从此夫妻分居两地，北京、扬州相互牵挂，虽然公公婆婆还是旧式家长，封建思想严重，婆媳之间也会有点小误会，但夫妇感情很好。

从 1918 年 9 月 30 日长子朱迈先出生于扬州开始，朱自清武钟谦夫妇一共育有六个子女。不幸的是，他们近十三年的婚姻在 1929 年 11 月 26 日戛然而止，武钟谦因多年操劳，患肺病于扬州家中去世，离她病重回扬州仅仅一个多月。朱自清闻讯，悲痛万分，一面教书，一面默默哀念，心情极度低落。本来他是决定要回扬州送妻子最后一程的，怎奈正临学期末尾，大家都忙，找几个人代课都不成，而且能代课的，也只有那几

朱自清与武钟谦

个人，朱自清只能忍着悲痛，把课时完成。那几天，他时常遥望南方，回忆着和武钟谦一起生活过的点点滴滴，回忆着江南奔波的艰难岁月，常常禁不住潸然泪下。1930年1月4日那天，妻子去世后仅一个多月，他经过全家居住三年多的清华园西院时，触景生情，写下了《重过清华园西院》诗三首，深切地怀念亡妻武钟谦，诗曰：

月馀断行迹，重过夕阳残。
他日轻离别，兹来恻肺肝。

居人半相识，故宇不堪看。

向晚悲风起，萧萧枯树寒。

三年于此住，历历总堪悲。

深浅持家计，恩勤育众儿。

生涯刚及壮，沉痼竟难支。

俯仰幽明隔，白头空自期。

相从十馀载，耿耿一心存。

恒值姑嫜怒，频经战伐掀。

靡他生自矢，偕老死难谖。

到此羁孤极，谁招千里魂？

　　1930 年 1 月 29 日，是旧历除夕，朱自清作《除夕书感》

二首，诗曰：

又看一岁尽，生事逐飙尘。

精力中年异，情怀百种新。

孤栖今似客，长恨不如人。

马齿明朝长，回头愧此身。

追欢逢令节，少壮互招寻。

三径无人迹，空山绝足音。

身微青眼少，世短客愁深。

独坐萦千虑，刹那成古今。

在妻子去世后的第一个清明节时，即1930年4月6日，又作《十九年清明后一日，为先室三十三岁生辰，薄暮出西郊，见春游车马甚盛。因念旧岁尝共游万牲园，情景犹新，为之凄恻》二首，再次对亡妻表达了深切的悼念之情：

名园去岁共春游，儿女酣嬉兴不休。

饲象弄猴劳往复，寻芳选胜与勾留。

今年身已成孤客，千里魂应忆旧俦。

三尺新坟何处是？（先室之丧　西郊车马似川流。
　　　　　　　　　子未得南归）

世事纷挐新旧历，兹辰设帨忆年年。

浮生卅载忧销骨，幽室千秋梦化烟。

松槚春阴风里重，狐狸日暮陇头眠。

遥怜一昨清明节，稚子随人展墓田。

在接下来的一个多月里，朱自清因怀念武钟谦，心情一直

不佳，又一连写了几首诗，表达自己对过去生活的怀念，其中
《沉吟》曰：

> 沉吟无一计，遣此有涯生。
> 发看数茎白，心期半世名。
> 绮怀刊不尽，胜业懒难成。
> 歧路频瞻顾，杨朱泪欲倾。

好友顾颉刚因要为朱自清介绍女朋友，而他又暂无这方面
的打算，便作《颉刚欲为作伐，赋此报之》以感谢他的好意，
诗曰：

> 孤负褰修意，回肠亦可怜。
> 行藏新白发，身世旧青毡。
> 况复多男子，宁能学少年。
> 此生应寂寞，随分弄丹铅。

还有如《蹉跎》，诗曰："蹉跎白日晚，去住两俱难。尚觉
春光好，能忘酒盏宽。辟人虚宿愿，掩卷有长叹。焉得如深
井，回风不起澜。"如《喧寂》，诗曰："冥思搜象外，密谊托
人间。眼底自醒醉，群中尚往还。未甘忘众乐，行复谢朱颜。

喧寂平生意，纷纷不可删。"如《遐想得句，爰足成之》诗曰："宵分万籁静，月朗数枝稀。翠袖当风倚，清言碎玉霏。只缘心似水，岂畏露沾衣。到此无人我，凭君漫是非。"如《赠斐云》，诗曰："听子一神王，滔滔舌有澜。访书夸秘帙，经眼数精刊。历落盘珠走，沉吟坐客看。盛年飞动意，不觉夜将阑。"如《厂甸庙会》，诗曰："故都存夏正，厂市有常期。宝藏火神庙，书城土地祠。纵观聊驻足，展玩已移时。回首明灯上，纷纷车马驰。"如《所居》，诗曰："一室才盈丈，朝朝寝食并。参差图籍乱，宾客往来清。蛮语谁人作，歌声隔院萦。明窗聊小坐，别有出尘情。"如《有感》，诗曰："垂髫逢鼎革，逾壮尚烟尘。翻覆云为雨，疮痍越共秦。坐看蛇豕突，未息触蛮瞋。沉饮当春日，行为离乱人。"这些诗，或流露了人到中年的复杂感受，或表达了身逢乱世的无奈心情。写旧体诗，是他这段时间宣泄情感最多的方式，此外，还常会和朋友聚聚，聊以填补一下空虚的生活。朋友们对朱自清的婚姻生活也极其关心，如前面所说的顾颉刚。另外浦江清等也都为他张罗过。

1930 年暑假期间的 7 月 10 日，朱自清还是回了一趟老家扬州。这次回扬州，一直待到 7 月 26 日才取道上海，经青岛，于 8 月上旬回到北京。这次扬州之行，有一大半原因是弥补因为武钟谦去世时没有赶回来的遗憾。

考入北大

　　1916年秋，朱自清离开扬州，去北京大学预科读书。北京大学预科的校舍设在北京北河沿，原是京师大学堂译学馆。1913年，译学馆停办后，改为大学预科。这是一个两层楼的洋房，作为预科学生宿舍，教室离译学馆不远，也是西式的结构。

　　这一年，朱自清虚岁19岁。

　　北河沿这个地名，望文生义，是指一条河的北边沿岸，但实际上是一条河的北段，相对的，南段称南河沿，界在哪里呢？就是东安门，东安门往北那一段，叫北河沿，南边那一段通到长安街，叫南河沿。以前是河，现在成大马路了。朱自清在北大读预科的时候，那河还没有成为路，还是真的一条河，又称北大河。称北大河的意义不是我们通常认知的北边的一条大河，而是指北京大学校区内的一条河，即"北大"的河，简称北大河。

刘半农因北京大学校庆需要，写了一篇文章曰《北大河》，开始踟蹰不知要写什么时灵机一动，脱口就说："哈！有啦！语录三院面前的那条河罢！"刘半农说："我不知道这条河叫什么名字。就河沿说，三院面前叫作北河沿，对岸却叫作东河沿。东与北相对，不知是何种逻辑。到一过东安门桥，就不分此岸彼岸，都叫作南河沿；剩下的一个西河沿，却丢在远远的前门外。这又不知是何种逻辑。"又说："亦许这条河从来就没有过名字，其唯一的名字就是秃头的'河'，犹如古代黄河就叫作河。"没错，连生活在河边、天天与河朝夕相处的刘半农都弄不清，别人又何须弄清呢？朱自清等人不过是十几岁的学生，更没心情去考究这些无用的东西了。但是作为北大老师的刘半农，对这条河还是有话要说的："民国六年，我初到北京，因为未带家眷，一个人打光棍，就借住在三院教员休息室后面的一间屋子里。初到时，真不把门口的那条小河放在眼里，因为在南方，这种河算得了什么，不是遍地皆是么？到过了几个月，观念渐渐的改变了。因为走遍了北京城，竟找不出同样的一条河来。那时北海尚未开放，只能在走过金鳌玉蛛桥时，老远的望望。桥南隔绝中海的那道墙，是直到去年夏季才拆去的。围绕皇城的那条河，虽然也是河，却因附近的居民太多了，一边

1917 年前后的北京

北大红楼

又有高高的皇城矗立着，看上去总不大入眼。归根结底说一句，你若要在北京城里，找到一点带有民间色彩的，带有江南风趣的水，就只有三院前面的那条河。什刹海虽然很好，可已在后门外面了。"民国六年，即 1917 年，还比朱自清迟来了一年。不过，河，应该还是没有变的，译学馆也还在北河沿，而这条河在刘半农眼里又是怎样的呢？刘半农在文章里说："自此以后，我对于这条河的感情一天好一天；不但对于河，便对于岸上的一草一木，也都有特别的趣味。"又描写道：那时候的河，"只隆冬河水结冰时，有点乌烟瘴气，其余春夏秋三季，河水永远满满的，亮晶晶的，反映着岸上的人物草木房屋，觉得分外玲珑，分外明净。靠东安门桥的石岸，也不像今日的东歪西欹，只偷剩了三块半的石头。两岸的杨柳，别说是春天的青青的嫩芽，夏天的浓条密缕，便是秋天的枯枝，也总饱含着诗意，能使我们感到课余之暇，在河岸上走上半点钟是很值得的"。接着，刘半农开始"论证"何以称作北大河了："那条河的最大部分（几乎可以说是全体），都在我们北大区域之内（我们北大虽然没有划定区域，但南至东安门，北达三道桥，西迄景山，谁也不能不承认这是我们北大的势力范围矩——谓之为'矩'而不言'圈'者，因其形似矩也——而那条河，就是矩的外直边），我们不管它有无旧名，应即赐以嘉名曰'北大河'。"

　　张中行先生的《负暄琐话》等书里，写了不少北大的旧人旧事，也常有关于北河沿一带的描写，这里不仅分布着有别于北京苍茫气象的秀丽的街景风光，街区遗落的许多历史陈迹，也会勾起人们对远去往事的回忆。2014 年暑假里，老婆带小儿陈巴乔来北京"探班"，一起玩了十来天。北京这地方说大很大，真正玩起来，也很小，该跑的地方几天就走马观花了一遍，让我突然不知道哪里还能玩玩了。于是便提议他们到南锣鼓巷去。他们不以为然，认为那种闹哄哄的商业地带没多大意思，大小城市都有，大同小异。但又实在无地可游，便勉强去了，地铁 6 号线也很方便，出了地铁口便是南锣鼓巷，人挨人果然不好玩。我告诉他们，拐过去不远，就是什刹海了。因为刚去过北海公园，知道这两个"海"相距不远，料想也是长相差不多，没啥玩头。但还是去了。去什刹海的途中，遇到一条短短的河，河岸上一棵棵老柳树，长长的柳枝正随风飘扬，河里还有藕荷，荷花正开。我突然想到刘半农笔下的北大河，如果那河真的还在，是不是也会被整理或绿化成现在的样子呢？同时又想，这儿怎么会有这么一条短河？是当年北大河遗落的一条尾巴？1959 年 4 月 14 日，俞平伯写的《"五四"忆往——谈〈诗〉杂志》里说，他的"第一首新诗，描写学校所在地北河沿。现在小河已填平，改为马路了"。这又何妨呢？我觉得像，或者是，那就是吧。

刘半农记忆里有模有样、杨柳依依的"北大河"，正是朱自清就读北大预科时期的那条河。文预科的第一年课程还是比较多的，主要有国文、文字学、本国史、本国地理、西洋文明史、英语、体操。教他的老师有沈尹默、沈兼士、陈汉章等。在朱自清的这几个老师当中，沈尹默出生于1883年，字秋明，号君墨，别号鬼谷子。早年曾两度游学日本。在北大任教期间，其书法就很有地位了，谢稚柳先生认为"数百年来，书家林立，盖无人出其右者"。更有称赞他的书法为"米元章（米芾）以下"。而他和其兄长沈士远、弟沈兼士合称"北大三沈"，更是名扬学坛。1917年还担任《新青年》编委。陈汉章更是传奇人物，他比沈尹默还要大，生于1864年，是浙江象山人，字云从，别号倬云，晚号伯弢，一生追求学问，博览群书，经史子集样样精通，遂成一代大学问家。1909年被京师大学堂（1898年建立，1912年改名为北京大学）慕名聘请去任教授。

朱自清读预科时的文字学、本国史、国文等课，遇到沈尹默、沈兼士、陈汉章这样的老师，真是他莫大的荣幸，也让他打下了坚实的国学功底。课余，朱自清也会在北河沿一带闲走，看河水照影，杨柳依依，大约也会思念家乡的亲人吧。第一学期很快结束了，朱自清刚刚适应大学生活，就奉父母之命，于1916年12月15日回家办了婚事。也是在这次回乡结婚时，朱自清发现他们家生活出现了困难。

朱自清（左二）与友人在万寿山合影

1916 年底，蔡元培入主北大，采取学术思想自由、兼容并包的方针，广延学问深、思想活跃又热心教育的人士来学校执教。

1917 年 1 月，《新青年》的创始人陈独秀从上海来到北京大学，被聘为文科学长，紧接着，胡适、周作人、刘半农、钱玄同等陆续进入北大，一时间，北大真是人才荟萃，气象一新。朱自清在北大文预科读了一学年，1917 年暑假回家后，看到弟妹渐长，家里的负担越发沉重，父亲长年在外谋生，持家不易，加上自己已经成婚，作为家中长子，觉得应该早点为父亲分担责任，而两年的大学预科加上四年的本科，时间太长，考虑再三，决定跳级投考北大本科。由于之前的底子打得扎实，朱自清顺利地被北京大学文科哲学门录取，成为一名本科新生。同时，朱自清的志向也发生了改变。为了体现自己的志向，他把自己的名字改为"自清"。为什么改名自清？仅从字面上讲，不难理解，清，清白、清洁、清廉、清苦之意。又取字"佩弦"。这个"佩弦"也是有来历的，出自《韩非子》的《观行》篇，有这样的句子："西门豹之性急，故佩韦以自缓，董安于之性缓，故佩弦以自急。"意思是勉励自己激流勇进，积极进取。朱乔森在《我所认识的父亲朱自清》一文里说，自清之意"是为了自警，警策自己在家境衰败，经济困难，乃至被生活的重担'压到不能喘气'的时候，也决不与社会上的各种腐败现象同流合污"。

求学之路

　　1917年秋，朱自清进入北京大学本科中国哲学门读一年级。上学的地点也从原京师大学堂译学馆，搬到汉花园北大一院，即现在的沙滩一带。他的同学有陈公博、康白情、谭平山、徐彦之、潘菽、苏甲荣、杨晦、江绍原、区声白、吴康等人。朱自清的任课老师当中，有教《中国哲学》和《中国哲学史》的胡适，有教《哲学概论》和《心理学》的陈大齐，有教《伦理学》的章士钊，有教《社会学》的陶孟和等名师。

　　那是北京大学最好的时期，从校长，到教员，再到学生（和朱自清前后届的同学成名成家的甚多），都是天花板式的存在。在这种学术氛围中，朱自清也不敢偷懒，读书认真，涉猎也很广，他在散文《买书》中，提到了北大求学时的买书生涯："到北平来上学入了哲学系，还是喜欢找佛学书看。那时候佛经流通处在西城卧佛寺街鹫峰寺。在街口下了车，一直走，快到城根儿了，才看见那个寺。那是个阴沉沉的秋天下午，街上只有我一个人。到寺里买了《因明入正理论疏》、《百法明门论疏》、《翻译名义集》等。这股傻劲儿回味起来颇有意思；正像那回从天坛出来，挨着城根，独自个儿，探险似的穿过许多没人走的碱地去访陶然亭一样。"

朱自清在文中提到的"西城卧佛寺街鹫峰寺"，现不存，故址在北京西城内的城隍庙南。明代寺内曾保存过旃檀佛像。明代有《帝京景物略》一书，其《鹫峰寺》篇曰："城隍庙之南，齐檐小构者，鹫峰寺。以旃檀像应化集此，缁素瞻礼无虚日，寺遂以名。"朱自清所说的"卧佛寺街"可能是记忆有误，应该是鹫峰寺街，鹫峰寺街呈东西向，尽头就是鹫峰寺。倒是确实有一条卧佛寺街，不在西城，而在东城花市南里，是一座汉传佛教寺院，在后殿内供有一尊巨大的木雕卧佛，该卧佛（7.40米）有十三尊佛像环立在肩背后。传说曹雪芹穷困时，曾在这里住过。旧时农历五月初一至初五，卧佛寺都要举办庙会。朱自清可能是弄混了。文中所提的"陶然亭"更是在城外，也正如朱自清所说，要"探险似地穿过许多没人走的碱地"才能到达。

那时的陶然亭是个什么样子呢？张恨水先生在其散文《乱苇隐寒塘》中有所呈现：

它在内城宣武门外，外城永定门内，南下洼子以南。那里没有人家，只是旷野上，一片苇塘子，有几堆野坟而已。长芦苇的低地，不问有水无水，北人叫着苇塘子。春天是草，夏天像高粱地，秋天来了，芦苇变成了赭黄色。芦苇叶子上，伸出杆子，上面有成球的花。花被风一吹，像鸭绒，也像雪花，满空乱飞。苇丛中间，有一条人行土路，车马通行，我们若是秋天去，就可以在这悄无人声漫天晴雪的环境里前往。

　　陶然亭不是一个亭子，是一座庙宇，立在高土坡上。石板砌着土坡上去。门口有块匾，写了"陶然亭"三个字。是什么庙？至今我还莫名其妙，为什么又叫江亭呢？据说这是一个姓江的人盖的，故云，并非江边之亭也。三十年前，庙里还有些干净的轩树，可以歇足。和尚泡一壶茶末，坐在高坡栏杆边，看万株黄芦之中，三三两两，伸了几棵老柳。缺口处，有那浅水野塘，露着几块白影。在红尘十丈之外，却也不无一点意思。北望是人家十万，雾气腾腾，其上略有略无，抹一带西山青影。南望却是一道高高的城墙，远远两个箭楼，立在白云下，如是而已。

　　我在北平将近二十年，在南城几乎勾留一半的时间，每当人事烦扰的时候，常是一个人跑去陶然亭，在芦苇丛中，找一个野水浅塘，徘徊一小时，若遇到一棵半落黄叶的柳树，那更好，可以手攀枯条，看水里的青天。这里没有人，没有一切市声，虽无长处，洗涤繁华场中的烦恼，却是可能的。

比朱自清早一年即 1915 年就考上北京大学的俞平伯，也经常利用周日或假期，去陶然亭玩，还写了好几首旧体诗，在《陶然亭鹦鹉冢》里有这样的句子："今日城南寻故碣，又看芳草垄头新。"可见其荒凉了。《陶然亭杂咏》三首，其二、其三云：

纵有西山旧日青，也无车马去江亭。
残阳不起凤城睡，冷苇萧骚风里听。

原野空虚故国悲，稻粱虽好鸟飞迟。
茫茫上下都求索，欲向芦花问所之。

俞平伯比朱自清早一年读北京大学，而且不是从预科读，而是直接读本科，却比朱自清只早毕业半年，即于 1919 年年底毕业，这是怎么回事呢？因为 1919 年 5 月 4 日五四运动时，他这一届毕业生的毕业考试受到了影响，推迟了半年才毕业。俞平伯就更有时间在北京到处逛逛了，后来他还因此而写了一篇散文，记叙了某一年冬天去陶然亭看雪的经过，即《陶然亭的雪》，文中有对陶然亭极为细致的描写：

那户外的尖风呜呜的独自去响。倚着北窗，恰好鸟瞰那南郊的旷莽积雪。玻璃上偶沾了几片鹅毛碎雪，更显得它的莹明不滓。雪固白得可爱，但它干净得尤好。酿雪的云，融雪的泥，各有各的意思；但总不如一半留着的雪痕，一半飘着的雪花，上上下下，迷眩难分的尤为美满。脚步声听不到，门帘也不动，屋里没有第三个人。我们手都插在衣袋里，悄对着那排向北的窗。窗外有几方妙绝的素雪装成的册页。累累的坟，弯弯的路，枝枝桠桠的树，高高低低的屋顶，都秃着白头，耸着白肩膀，危立在卷雪的北风之中。上边不见一只鸟儿展着翅，下边不见一条虫儿蠢然的动（或者要归功于我的近视眼），不用提路上的行人，更不用提马足车尘了。唯有背后已热的瓶笙吱吱地响，是为静之独一异品；然依昔人所谓"蝉噪林逾静"的静这种诠释，它虽努力思与岑寂绝缘终究是失败的哟。死样的寂每每促生胎动的潜能，惟万寂之中留下一分两分的喧哗，使就烬的赤灰不致以内炎而重生烟焰；故未全枯寂的外缘正能孕育着止水一泓似的心境。这也无烦高谈妙谛，只当咱们清眠不熟的时光便可以稍稍体验这番悬谈了。闲闲的意想，乍生乍灭，如行云流水一般的不关痛痒，比强制吾心，一念不着的滋味如何？这想必有人能辨别的。

朱自清到陶然亭玩，是"从天坛出来，挨着城根，独自个儿"去的。从俞平伯的文章里能看出来，他去陶然亭是和另一个朋友结伴的。那时候的朱自清和俞平伯还不认识，1917 年秋季，俞平伯已经读大三了，朱自清不过才是大一。二人几乎是同一时期去陶然亭玩，看到的景色差不多一样，朱自清也像俞平伯一样，都临近了，也一眼没有看到那"亭"吗？陶然亭无亭，朱自清也会有些失望吧？朱自清一定是看到庙宇中雪珊和尚的那首题壁诗了："柳色随山上鬓青，白丁香折玉亭亭。天涯写遍题墙字，只怕流莺不解听。"

朱自清还去过别的寺庙，在散文《看花》一文里说："到北平读了几年书，却只到过崇效寺一次；而去得又嫌早些，那有名的一株绿牡丹还未开呢。北平看花的事很盛，看花的地方也很多；但那时热闹的似乎也只有一班诗人名士，其余还是不相干的。那正是新文学运动的起头，我们这些少年，对于旧诗和那一班诗人名士，实在有些不敬；而看花的地方又都远不可言，我是一个懒人，便干脆地断了那条心了。"从这段话中看，朱自清是不喜欢旧诗以及那些诗人名士的，但对于新诗又是如何呢？特别是对新的思想、新的思潮，朱自清又是如何想的呢？

此时的朱自清，一定也感受到北京大学正在刮起的积极而浓郁的学术风向了——陈独秀创办的《新青年》杂志进行了革新。该杂志于1915年9月15日在上海创刊，初名为《青年杂志》。1916年9月1日出版第2卷第1号时改名为《新青年》。初期的《新青年》，在哲学、文学、教育、法律、伦理等广阔领域向封建意识形态发起了猛烈的进攻。1917年初，随着陈独秀担任北京大学教职而把《新青年》迁到了北京。朱自清的老师胡适、李大钊、沈尹默、钱玄同等人都参与了写稿或编辑工作，朱自清最爱读的杂志就是《新青年》了，1917年8月9日，钱玄同又邀请鲁迅加盟《新青年》，使之阵容更加的强大。读《新青年》，和同学们议论《新青年》上发表的文章，使朱自清大开了眼界。1918年1月，陈独秀召集《新青年》编辑部会议，宣布"本（刊）自第四卷第一号起，投稿章程业已取消，所有撰译，悉由编辑部同人，公同担任"；"采取集议制度，每出一期，就开一次编辑会，商定下一期的稿件"。李大钊、鲁迅、钱玄同、刘半农、周作人、胡适、沈尹默参加编辑部。朱自清受北大新思潮的影响，把读书中遇到的问题，都积极向老师提出来，1918年4月30日，朱自清就给老师胡适写了一封信，询问不懂的知识要点。与此同时，由鲁迅创作的中国首篇

《新青年》

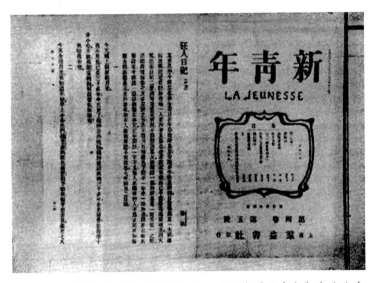

1918年，周树人首次用"鲁迅"这个笔名在《新青年》杂志发表《狂人日记》

白话日记体小说《狂人日记》，首发于 1918 年 5 月 15 日第 4卷第 5 号的《新青年》月刊上，在文学界和学术界产生了极大的影响，小说结构新颖，语言通俗，通过被迫害者"狂人"的形象以及自述，来揭示封建礼教的"吃人"本质，这给朱自清以很大的启发。很多年以后，朱自清还记得这篇小说，在其杂论《论严肃》一文中还念念不忘："新文学运动以斗争的姿态出现，它必然是严肃的。他们要给白话文争取正宗的地位，要给文学争取独立的地位。而鲁迅先生的第一篇小说《狂人日记》里喊出了'吃人的礼教'和'救救孩子'，开始了反封建的工作。"在《鲁迅先生的杂感》里，朱自清再一次提起了这篇小说："在《野草》里比在《狂人日记》里更多的用了象征，用了重叠，来'凝结'来强调他的声音，这是诗。"又在《"五四"时代的文艺》里再次提到鲁迅的《狂人日记》对于白话文学的影响："他的第一部创作便是《狂人日记》，里面提到礼教与孩子，那时的批评，说它是'用写实的手法表现了象征的意义'，'吃人的礼教'。这句话在今天听来平常，当时却如洪水猛兽，说这句话的便是狂人，今天不是狂人也要说这样的话，足见是进步了。礼教怎么吃人的？大家都是知道的，就是强凌弱，大吃小，强者大者便是封建社会里的统治阶级，'士'也是统治阶级的一部分。并非纯是势利，被吃的人便是村人，就是农民，所以批评《狂人日记》者说'发现了村人的性格'，村人便是封建社会下被压迫被损害的一群。胡适之说过，一个人是爸爸的儿子，爷爷的孙子，又是儿子的爸爸，上下夹攻，没有办法，如果有了七八个孩子，慢说现在，就在'五四'时候也毫无办法。《狂人日记》里喊出'救救孩子！'并且要打倒孔家店，'孔家店'便是当时给'封建社会'的代名词，鲁迅便是肩起闸门放出孩子去的。他当时虽认为希望不多，但希望总是有的，他就用艺术方法表现了出来，要怎样救救孩子呢？就是说两位先生，一位是德先生，一位是赛先生，到今天也仍然如此，这就是我所知道的五四时代的文艺。"

我们再以朱自清后来的好友俞平伯为例，"五四"之前的《新青年》对俞平伯有多大影响呢？他在 1963 年写作的《〈戊午年别后日记〉跋》中写道："戊午年为五四运动前一年，记中载晤陈独秀、胡适，又言阅读《新青年》，盖新文学已在萌芽矣。"孙玉蓉编纂的《俞平伯年谱》，根据日记，也提及二人的交往，如 1918 年 3 月 13 日："作译稿序文。上中国文学史课和日文课。午后，在阅书报社与毛以亨、王幼屏将文稿捡齐，于次日交给陈独秀学长。"3 月 21 日："将郑文焯《清真词》还给黄季刚先生。至二道桥研究所听讲'老庄哲学'。晤陈独秀学长。晚，阅骈文集《四六法海》。"可知的事实是，1918 年 5 月 15 日《新青年》第 4 卷第 5 号上，俞平伯创作的白话新诗《春水》正式发表，和鲁迅的小说《狂人日记》发表于同一期。这对俞平伯来说，意义殊为重大，不仅是他发表了第一篇新文学作品，还是他第一次在影响如日中天的旗帜式杂志上发表作品，可谓盛装亮相，其意义不言而喻，也使他无可争议地成为新文化运动的开创者之一。这一年，俞平伯还创作了书信体论文《白话诗的三大条件》以及新诗《冬夜公园》等，前者也于次年发表于《新青年》第6卷第3期上。

朱自清犹记得当年《新青年》和新文化运动所产生的影响，同样是在《"五四"时代的文艺》里，朱自清说："民国以后《新青年》出版，胡适之与陈独秀提倡白话文学，白话的来源，除旧小说之外，我看还有当时的讲演，讲演对语言的帮助很大；再有一种是与传统有关的语录，语录是宋代学家讲授时的笔录。旧小说中的话是像说书人的话，因为来自民间，表现出受压迫的情绪，都带有自嘲的口诀式的，以致乐为目的的滑稽，或说是侍候人的口气。到今天说大鼓的还要说'侍候您一段'，语录便是没有'侍候人的气息'的白话，影响很大。"又说："'五四'在民国八年，新文学运动在民国六年，应从民国六年说起，胡适之写了文学改良刍议，陈独秀则提倡文学革命，胡适之说过他的主张是温和的，如无陈的激烈运动，白话不会开展得这么快。其内容用胡适之自己的话说是'文字解放''文体解放'，八不主义中有三不是'不要言之无物'，'不做无病呻吟'，'不避俗语俗字'，这是用当时的言语来表达出来的。用今天的话说便是属于人民的，因为有一点须要说明，中国白话由来已久，胡适之在白话文学史中的意见是正确的，唐朝以后士与民之间的对流很大，宋以后，民间的东西如小说戏剧都抬起头来，白话便开始于人民要表现自己的东西。陈独秀的主张，是用国民文学反对贵族文学，用写实文学反对古典文学，用社会文学反对山陵文学；国民便是人民，社会文学是人民的文学，写实文学是用人民的语言，所以总括一句，便是'人民文学'。因为时代的不同，那时候不能说的这么干脆，但也已经很干脆了。"

朱自清就是在这种新旧文学碰撞和交替时期，结束了大学一年级的学习生活。

大二第一学期，即 1918 年 9 月 20 日，北京大学开学，朱自清的课程有胡适的《西洋哲学史大纲》，杨昌济的《伦理学》，马叙伦的《中国哲学》，陶孟和的《社会学》和《社会问题》，陈大齐的《心理学试验》，李煜瀛的《生物学》及英语、德语等。这时候的《新青年》已经是一种全新的面目了，朱自清的思想，也紧跟着这样的新面目而产生了变化。而更让朱自清感到欣喜的是，在北大校园里，又发生了一件此后影响朱自清人生走势的大事，这就是"新潮社"的成立。

"新潮社"是由北京大学文科和法科的进步学生组织的一个文学社团，目的是呼应《新青年》的改革，并创办《新潮》杂志，做《新青年》的友军。据朱自清的学长、也是"新潮社"的创始人之一的俞平伯回忆，是傅斯年邀请俞平伯一起创办的，俞平伯做了许多实际工作。该社从 1918 年 10 月开始筹划，于 11 月 19 日成立，是在北大沙滩红楼东北角的一个小房间里，与北大图书馆毗邻。"新潮社"的首批成员有法科的汪敬熙、何思源，文科的傅斯年、罗家伦、杨振声、顾颉刚、江绍原、康白情、李小峰、孙伏园、俞平伯。主办的刊物《新潮》曾得到校方的经费补助，校长蔡元培亲自为杂志题字。成立这天，还请来了他们的老师，即蔡元培、陈独秀、胡适、钱玄同、李大钊、周作人等。1918 年 12 月 13 日，《北京大学日刊》刊登了《新潮杂志社启事》："同人等集合同趣组成一月刊杂志，定名曰《新潮》。专以介绍西洋近代思潮，批评中国现代学术上、社会上各问题为职司。不取庸言，不为无主义之文辞。成立方始，切待匡正，同学诸君如肯赐以指教，最为欢迎！""宣言"虽短，主张却十分明白。启事还公布了作为杂志撰述员的二十一人名单，并设编辑部和干事部，俞平伯被选为干事部三个书记之一。

俞平伯在回忆这段生活的《回忆〈新潮〉》一文中写道："《新潮》和《新青年》同是进步期刊，都宣传新思想、新文化，宣传'赛先生'（即 Science，科学）与'德先生'（即 Democracy，民主），但在办刊方向上却稍有不同：《新青年》偏

中華民國教育部註冊交付郵局特准掛號認為新聞紙類

新潮

The

Renaissance

第一卷第一號

民國八年一月一日

發行

國立北京大學出版部

《新潮》

重于政治、思想、理论论述；《新潮》则偏重于思想、文学方面，介绍一些外国文学。《新青年》内部从一开始就分为左、右两派，斗争激烈，直至最后彻底分开；《新潮》的路线相比之下则稍'右'一些。"还谦虚地说："我参加《新潮》时仅18岁，知识很浅。由于自己出身于旧家庭，所以对有关新旧道德的讨论比较注意，曾写一篇有关新道德的文章。顾颉刚写过论述家庭的文章，怕自己家里知道，署名'顾诚吾'，在《新潮》上发表。"又说："《新潮》的政论文章不太多，大多数是文艺作品，我那时初学写新诗和白话小说。我最早的一首新诗《北河沿之春》发表在《新青年》上（其时尚未有《新潮》），记得中有四句：'双鹅拍拍水中游，行人缓缓桥上走，都说春来了，真是好气候。'我发表在《新潮》上的第一首新诗是《冬夜之公园》，描写当时北京的中央公园（现在的中山公园）。以后又写了描写天津海河的新诗《春水船》等。我还写过两篇白话小说：《花匠》和反对妇女守节的《狗和褒章》。《花匠》曾被鲁迅先生编选入《中国新文学大系·小说二集》里，说的是花匠修饰花卉，把花的自然的美完全破坏掉了。这是一篇反对束缚的文章。这些早期的作品现在看起来是很幼稚的，因为那时年纪很轻，思想里并没有明确的反封建的意识（我们当时对'封建'的理解是分封诸侯的意思，与今天不同）。尽管如此，这里面实际却包含着反对封建、要求民主的思想。"

可能是受《新潮》的影响，1918 年 12 月，《新青年》同人又创办报纸形式的周刊《每周评论》。一时间，北大校园里，从老师到同学，形成了一股创作的风潮。而比俞平伯还要大两岁的朱自清，在读到《新潮》的时候，必定也受到了极大的鼓舞，开始在心中酝酿白话新文学的创作。而他的同学中，也有像康白情这样喜欢新诗创作的人。多年以后，朱自清在《选诗杂记》里，引《年选》中的《一九一九年诗坛略纪》即"编者的话"说："最初自誓要作白话诗的是胡适，在一九一六年，当时还不成什么体裁。第一首散文诗而具备新诗的美德的是沈尹默的《月夜》，在一九一七年。继而周作人随刘复作散文诗之后而作《小河》，新诗乃正式成立。最初登载新诗的杂志是《新青年》。《新潮》《每周评论》继之。"可见朱自清是很赞成这个观点的。

1919 年春天，大二下学期刚开始不久，朱自清的室友画了一幅画，名曰《西妇抚儿图》。这幅画让他想起了 1918 年 9 月 30 日出生的长子朱迈先，而朱自清寒假在家又刚刚归来，还不到半岁的孩子可爱的形象再次出现在朱自清的眼前，使他触景生情，有感而发，一首《睡吧，小小的人》的白话诗自然涌出：

"睡吧，小小的人。"

明明的月照着，

微微的风吹着——一阵阵花香，

睡魔和我们靠着。

　　"睡吧，小小的人。"

你满头的金发蓬蓬地覆着，

你碧绿的双瞳微微地露着，

你呼吸着生命的呼吸，

呀，你浸在月光里了，

光明的孩子，——爱之神！

　　"睡吧，小小的人。"

夜底光，

花底香，

母底爱，

稳稳地笼罩着你。

你静静地躺在自然底摇篮里，

什么恶魔敢来扰你！

　　"睡吧，小小的人。"

我们睡吧，

睡在上帝的怀里：

他张开慈爱的两臂，

搂着我们；

他光明的唇，

吻着我们；

我们安心睡吧，

睡在他的怀里。

　"睡吧，小小的人。"

明明的月照着，

微微的风吹着——一阵阵花香，

睡魔和我们靠着。

　　这是朱自清创作的第一首新诗。朱自清非常喜欢这首诗，
不久后就投稿给《时事新报》的副刊《学灯》，并于当年的12
月11日发表，发表时，署名余捷。这是朱自清新文学创作的第
一篇作品，也是第一首白话诗。这是一首很温馨、感人的诗，
写"小小的人"在摇篮里甜甜地酣睡，有母爱的庇护，有花香
明月笼罩，有微微的风吹着，是一首充满爱意和温情的小诗。

参加五四运动

朱自清创作了自己的第一篇新诗作品之后，可能是没有及时发表吧，创作的热情没有像俞平伯那样呈现"井喷"的现象，而是沉寂了几个月。

那时候的北京大学，新文学创作的氛围非常浓，正如刘半农所说的那样："那时我同胡适之，正起劲做白话诗。在这一条河上，彼此都嗡过了好几首。虽然后来因为嗡得不好，全都将稿子揉去了，而当时摇头摆脑之酸态，固至今犹恍然在目也。"（刘半农《北大河》）老师们之间互相比着创作，而同学们的创作也如雨后春笋，层出不穷，汪敬熙、何思源、傅斯年、罗家伦、杨振声、顾颉刚、江绍原、康白情、俞平伯等人都有作品发表，仅以俞平伯为例，不仅在《新青年》上发表诗文，在1919年《新潮》杂志第1卷第3期上也发表了文章。这篇文章有些"怪异"，标题是"打破中国神怪思想的一种主张——严禁阴历"。4月，他又参加北京大学平民教育讲演团，为第四讲演所的讲演员。俞平伯口才不算好，演讲不是他的特长，之所以参加，可能因为他是新潮社成员吧。俞平伯《严禁阴历》的文章是借严禁阴历来谈对时事的不满："我在北京已经过了四个新年。据我观察这四年来社会上一切情状，不但没有什么更动，更没有一点进步，只是些装神弄鬼的玩意儿，偏比以前闹得格外厉害。无论在茶棚，酒店，甚至于外国式的饭店，达官贵人的客厅，总可以听见什么扶乩呵，预言呵，望气呵，算命呵，种种怪话。亲友见面的时候，说话往往带些鬼气。我也不知道他们真是活见鬼呢，还是哄着小孩子玩呢？这姑且不提。就是这次，阴历的年关，噼里啪啦的声音——迎神降福的爆竹——足足闹了十几天，比往年热闹得多。这也可见得崇祀鬼神的心理，始终不变。我看见一般人讲鬼话，比讲人话还高兴；实在有点替他们难受。随便就做了这篇很短的文章。"又说，"我主张严禁阴历有理由，因为这是中国妖魔鬼怪的策源地。我们想想中国现在种种妖妄的事，哪件不靠着阴阳五行；阴阳五行又靠着干支；干支靠着阴历。所以如严禁阴历，便不会有干支，不会有干支的阴阳五行；不啻把妖魔鬼怪的窠巢，一律打破。什么吉日哪，良辰哪，五禁哪，六忌哪，烧香哪，祭神哪，种种荒谬的事情，不禁自禁，不绝自绝。就是现在的人脑筋里忘

五四运动时期，"新潮社"部分成员合影

不了妖魔的教训，鬼怪的思想，但是总不至于遗传到后来心地纯洁的青年身上去。所以我以为严禁阴历——禁止阴阳合璧的历书，——是刻不容缓的事，是打破中国几千年来神怪思想的最简截最痛快的办法。"文章写于 1919 年 2 月 5 日，是专为《新潮》而写，因为他是新潮社的骨干分子。俞平伯的创作式样越来越多，五四运动这一年，也是他在北大的最后一年，他开始小说写作，第一篇白话小说《花匠》发表在《新潮》第 1 卷第 4 期上，接着又写一篇《炉景》。俞平伯对于小说，是早有接触的，十多岁时，就爱读志怪传奇，读《水浒传》《三国演义》

《荡寇志》，一度还觉得《红楼梦》算不得什么。大学里，也有小说课程，他的老师周作人、胡适和刘半农三人在1917年一进入北大时，就开了小说课。俞平伯更是把自己的研究科目定为小说方面，当时志在研究小说的，只有他和傅斯年。1918年2月1日，在北京大学一所教室里，戴着眼镜的周作人，正轻声细语地讲授《俄国之问题小说》。周作人也不是特别能讲的教授，声音不脆，也不响亮，在课堂上似乎打不起精气神。或许是讲授的视角独有特色吧，俞平伯听得入心之后，再开小差，开始进入小说的构思状态，一些故事，一些情节，一些人物，次第出现在脑海里，构成一副完整的小说链条……这时候的中国白话小说开山之作《狂人日记》还没有开笔，鲁迅先生还躲在会馆里抄他的古碑，钱玄同先生正苦口婆心地动员他给《新青年》写文章呢。如果俞平伯能够及时写出这篇小说，或许会抢在《狂人日记》之前发表也未可知。而《狂人日记》也是受俄国小说影响很深的"问题小说"。当然，能在1919年发表《花匠》，也是开了时代之风，是了不起的成绩了。

可惜朱自清读的是哲学系，周作人的课他不是主修，即便这样，他也萌生了对文学的极大热情。但是在1919年的春天里，北京大学的新思潮一直在不断涌动着，推动这一思潮发展的，除了独立自主开放进步的思想和精神，主要是巴黎和会上的屈辱外交，点燃了学生们的热情。据相关史料的记载，这年

1 月，第一次世界大战战胜国在法国巴黎开会，史称"巴黎和会"。中国作为第一次世界大战的战胜国之一参加了会议，中国代表在"和会"上提出废除外国在中国的势力范围、撤退外国在中国的军队，取消"二十一条"等正义要求，但"巴黎和会"不顾中国也是战胜国之一，拒绝了中国代表提出的要求，竟然决定将德国在中国山东的权益转让给日本。此消息直接引发了中国民众的强烈不满。5 月 1 日，北京大学的一些学生获悉"巴黎和会"拒绝中国要求的消息。当天，学生代表就在北大西斋饭厅召开紧急会议，决定 1919 年 5 月 3 日在北大法科大礼堂举行全体学生临时大会。5 月 3 日，学生大会如期举行，北京高等师范学校、法政专门学校、高等工业学校等学校也有代表参加。学生代表发言，情绪激昂，号召大家奋起救国。最后定出四条办法，其中就有 5 月 4 日齐集天安门示威的计划。这四条办法是：（一）联合各界一致力争；（二）通电巴黎专使，坚持不在和约上签字；（三）通电各省于 1919 年 5 月 7 日国耻纪念日举行游行示威运动；（四）5 月 4 日上午，北京高等师范学校与北京大学、中国大学等 13 校代表，在法政专门学校开会决议下午在天安门前举行集会和游行示威。5 月 4 日下午，北京三所高校的 3000 多名学生代表冲破军警阻挠，云集天安门，北京高等师范学校最早到达天安门。他们打出"誓死力争，还我青岛""收回山东权利""拒绝在巴黎和约上签字""废除二十一条""抵制日货""宁肯玉碎，勿为瓦全""外争主权，内除国贼"等口号，并且要求惩办交通总长曹汝霖、币制局总裁陆宗舆、驻日公使章宗祥，学生游行队伍移至曹宅，痛打了章宗祥，北京高等师范学校数理部的匡互生第一个冲进曹宅，并带头火烧曹宅，引发"火烧赵家楼"事件。随后，军警出面控制事态，并逮捕学生代表32人。天安门前金水桥南边高悬的一副对联引人注目：卖国求荣，早知曹瞒遗种碑无字；倾心媚外，不期章惇余孽死有头。

朱自清就是这3000多名学生中的一名，他也跟着学生队伍走上街头，一路游行来到天安门前，关于当天的情形，十几年以后，朱自清在《论无话可说》里，说到自己的文学创作之路时，说："十年前正是五四运动的时期，大伙儿蓬蓬勃勃的朝气，紧逼着我这个年轻的学生；于是乎跟着人家的脚印，也说说什么自然，什么人生。但这只是些范畴而已。我是个懒人，平心而论，又不曾遭过怎样了不得的逆境；既不深思力索，又未亲自体验，范畴终只是范畴，此外也只是廉价的，新瓶里装旧酒的感伤。当时芝麻黄豆大的事，都不惜郑重地写出来，现在看看，苦笑而已。"后来还在多篇文章中说起"五四"带来的影响，比如在《论青年读书风气》里说，五四运动以后，"青年开始发现自我，急求扩而充之，野心不小。他们求知识像狂病；无论介绍西洋文学哲学的历史及理论，或者整理国故，都是新文化，都不迟疑地一口吞下去"。5月6日这天，在声势浩大的游行后，"北京大学中等以上学校学生联合会"成立，朱自清参加了一个股的具体工作，和同学们一起，和当局继续展开斗争。五四运动很快席卷全国，全国各大城市的高校和工商业等纷纷响应。1919年5月19日，北京各校学生同时宣告罢课，并向各省的省议会、教育会、工会、商会、农会、学校、报馆发出罢课宣言。天津、上海、南京、杭州、重庆、南昌、武汉、长沙、厦门、济南、开封、太原等地学生，在北京各校学生罢课以后，先后宣告罢课，支持北京学生的斗争。1919年6月11日，陈独秀等人到北京前门外闹市区散发《北京市民宣言》，陈独秀因此被捕。各地学生团体和社会知名人士纷纷通电，抗议政府的暴行。面对强大社会舆论压力，曹、陆、章相继被免职，总统徐世昌提出辞职。最终，迫于学生运动的压力，1919年6月28日，中国代表没有在和约上签字。

非常巧合的是，五四运动三个学生领袖之一的匡互生，后来不仅和朱自清是浙江上虞白马湖春晖中学的同事，还是终生好友，匡互生在上海主持立达学园的时候，朱自清经常去拜访他，匡互生去世以后，朱自清还专门写文哀悼。

为了写朱自清关于五四运动这一章文字，我曾于2013年4月4日清明节那天，去北京沙滩红楼一带看了看，那天北京的天气不太好，灰雾蒙蒙，不透阳光。我在看了红楼后，专门

陈独秀北京旧居

去了趟北池子一带的箭杆胡同去寻找陈独秀旧居。胡同不算难找，在新式楼房形成的"盆地"一隅，找到了陈独秀当年居住的院子。院门旁边立一块碑，上书"陈独秀旧居"。在石碑背后的墙壁上，有两块金属的牌子，被一个庞大的空调外机压迫着。小的一块牌子是汉语，大的一块是汉英对照。汉语的简单介绍为：

陈独秀旧居

位于东城区北池子大街箭杆胡同20号，是陈独秀

1917—1920 年在北京的住所。

陈独秀（1880—1942），原名庆同，安徽怀宁人，是新文化运动的主要倡导者，中国共产党创始人之一。早年留学日本，1915 年 9 月创办《新青年》杂志，提倡民主和科学。1917 年任北京大学文科学长，1918 年和李大钊创办《每周评论》。1920 年创建上海共产主义小组，1921 年在中共一大上当选为中央局书记，直到 1927 年，历任中国共产党最高领导。2001 年陈独秀旧居被列为北京市文物保护单位。

那天，我还从东交民巷西口，又拐去东长安街，经石大人胡同（外交部街），这基本上就是五四运动游行的路线了，这段路并不长，当年的石大人胡同还能看出老北京的样子。我想，朱自清、杨振声、傅斯年、匡互生、俞平伯他们，就曾经在这里走过。

第一波创作高峰

1919 年 9 月 10 日，朱自清大学三年级第一学期开学了。朱自清升入哲学系三年级，课程有蒋梦麟的《教育学》《教育学史》《唯识哲学》，马叙伦的《道家哲学》《宋明哲学》，杨昌济的《伦理学史》，梁漱溟的《印度哲学》，另外还有《西洋现代哲学》《西洋近代哲学史》《宗教哲学》《人类学》《数学》等。

蒋梦麟是 1919 年年初才被蔡元培聘为北京大学教育系教授的。五四运动爆发后，受蔡元培委托，代理北大校长。几个月后，即本年 9 月新学期开学时，蔡元培返回北大，又聘他为教育学教授兼总务长。正是这一学期，蒋梦麟教朱自清三门重要的课程。蒋梦麟是浙江余姚人，1886 年 1 月出生，1892 年入私塾，1899 年随家迁往上海，入天主教学校读英文，1904 年考入上海南洋公学，1908 年 8 月赴美留学，1912 年于加州大学伯克利分校毕业，随后赴纽约哥伦比亚大学研究院，师从杜威，攻读哲学和教育学，1917 年 3 月，获得哥伦比亚大学博士学位后回国，在商务印书馆担任《教育杂志》编辑和《新教育》杂志主编，是一个精通西学和中国传统文化的开创性学者。马叙伦出生于 1885 年 4 月，浙江杭县人，1902 年毕业于杭州养正书塾，曾任上海《选报》《国粹学报》编辑。辛亥革命前加入柳亚子等发起的南社。曾协助章太炎在上海创办《大共和日报》，任总编辑。1913 年，任北京医学专科学校文职教员，并应邀于1915 年在北京大学文学院兼课。1917 年蔡元培任北京大学校长，聘他任北大哲学系教授。朱自清大二时的《中国哲学》也是他所教授。1919 年五四运动期间，任北京中等以上学校教职员联合会主席，参加反帝反封建斗争。梁漱溟 1893 年生于北京，先祖为元世祖五子忽哥赤，自己入籍为河南开封人，先后就读于北京公立小学堂、蒙养学堂。13 岁时，考入地安门外顺天中学堂。1911 年加入同盟会京津支部，顺天中学毕业后任京津同盟会《民国报》编辑兼记者。1912 年任《民国报》编辑兼外勤记者时，总编辑孙炳文为其拟"漱溟"作笔名，同年开始读佛典，年纪轻轻就发表文章，1913 年年末写出《社会主义粹言》，1914 年 2 月在《正谊》发表《谈佛》，1916 年 9 月在《东方杂志》发表《究元决疑论》。1917 年 12 月，蔡元培聘请他为北京大学哲学教授。1918 年 3 月，在北大哲学门研究所开始讲授佛教哲学，11 月，在北大出版部出版《印度哲学概论》。1919 年 1 月，与陈大齐等人在北大发起组织哲学研究会，6 月开始写作《东西文化及其哲学》，欲以此书为《孔家哲学》《唯识述义》两书之"引子"。朱自清大学时喜欢佛学，并购买佛学书籍认真研读，就是受梁漱溟的影响，其购书经历在散文《买书》一文里曾写到过。朱自清其他的任课老师还有胡适、陈大齐、杨昌济、周作人等，有这么多学术大师教授朱自清课程，使朱自清不仅在学业上得到了最好的教育，在人格和思想上也得到了正确的指引。

1919 年 9 月 20 日，可能是蒋梦麟的关系，美国实用主义哲学家杜威开始在北京大学连续作《社会哲学与政治哲学》《教育哲学》《思想之流派》等系列讲演。朱自清对这位当代美国著名的哲学家、心理学家的讲演非常感兴趣，这对其后创作也一度产生影响。杜威的理论体系是实用主义。他的著作涉及科学、艺术、宗教伦理、政治、教育、社会学、历史学和经济学诸方面，使实用主义成为美国特有的文化现象。杜威的思想曾对 20 世纪前期的中国教育界、思想界产生过重大影响，这次到访中国，还见证了五四运动并与孙中山会面，中国的许多顶流学者都曾受教于他，除前边提到的蒋梦麟外，还有胡适、冯友兰、陶行知、郭秉文、张伯苓等一批大师和学者，而他们的学生中有许多也成了大师，遍及学术界，又影响了下一代人。

这个学期里，朱自清的学习尤其刻苦、认真。9月30日，朱自清翻译了挪威作家毕恩孙的短篇小说《父亲》，并发表于本年10月4日的《晨报》上，署名佩玄。之所以选择这篇小说，可能和他初作人父有关吧。11月13日，还翻译《心理学》第一章《心理学的范围》（McDougall 作），并于次年发表在《新潮》第2卷第3号上，署名朱自清。比较有意思的是，朱自清发表的创作和翻译的前三篇作品，分别署了三个名字。关于这篇《心理学的范围》，朱自清译好后，还请比他高一级的汪敬熙校正一遍，朱自清在散文《飘零》中写到了他，在文章里，朱自清用"W"来表示汪敬熙，文中说："我想起第一回认识W的名字，是在《新生》杂志上。那时我在P大学读书，W也在那里。我在《新生》上看见的是他的小说；但一个朋友告诉我，他心理学的书读得真多；P大学图书馆里所有的，他都读了。文学书他也读得不少。他说他是无一刻不读书的。我第一次见他的面，是在P大学宿舍的走道上；他正和朋友走着。有人告诉我，这就是W了。微曲的背，小而黑的脸，长头发和近视眼，这就是W了。以后我常常看他的文字，记起他这样一个人。有一回我拿一篇心理学的译文，托一个朋友请他看看。他逐一给我改正了好几十条，不曾放松一个字。永远的惭愧和感谢留在我心里。"汪敬熙是"新潮社"的创始人之一，早在大学里就有了文名。

《心理学的范围》这篇译文比较长，译成汉字有一万余字。从朱自清这篇译文看，朱自清的白话文写作已经具备相当高的水准了，语言流畅，用词丰富，请汪敬熙校正，主要应该是他的英文水平更高，让他来把握一下译文的准确性。可惜，这篇译文只是《心理学》第一章《心理学的范围》中的第一节《心理学是积极的行为科学》，而没有再接再厉，把整本书都翻译完。

1919年11月14日，朱自清创作新诗《小鸟》，发表于本年11月20日《晨报》，署名佩弦。诗曰：

> 清早颤巍巍的太阳光里，
> 两个小鸟结着伴，不住的上下飞跳。
> 他俩不知商量些什么，
> 只是咭咭呱呱的乱叫。

> 细碎的叫声，
> 夹着些微笑；
> 笑里充满了自由，
> 他们却丝毫不觉。

> 他们仿佛在说："我们活着

便该跳该叫。

生命给的欢乐，

谁也不会从我们手里夺掉。"

    1919 年 11 月 15 日，朱自清发表第一篇论文《译名》，发表于《新中国》第 1 卷第 7 号上，署名朱佩弦。该文详细考察了将外文译成汉语过程中的"译名"问题，认为"意译"是译名的正法，是造新词的唯一方法。这是提出这一问题较早的论文之一。这一时期，朱自清的创作进入第一波爆发期，各种体裁的文章，尤其是新诗，更是一发而不可收，1919 年 11 月 21 日，创作了新诗《光明》，诗曰：

    风雨沉沉的夜里，

前面一片荒郊。

走尽荒郊，

便是人们底道。

    呀！黑暗里歧路万千，

叫我怎样走好？

"上帝！快给我些光明吧，

让我好向前跑！"

    上帝慌着说，"光明？

我没处给你找！

你要光明，

你自己去造！"

需要说明的是，该首新诗在本年 11 月 25 日《晨报》发表
的时候，诗末注明写作时间是 11 月 21 日，而在收入《踪迹》
时，又写作 1919 年 11 月 22 日，根据先后次序，我认为应取首
发时的写作日期。该篇发表时署名佩弦。本年 11 月 23 日，又
作新诗《歌声》，没有发表，收入《踪迹》一书中。诗曰：

好嘹亮的歌声！

黑暗的空地里，

仿佛充满了光明。

我波澜汹涌的心，

像古井般平静；

可是一些没冷，

还深深地含着缕缕微温。

什么世界？

什么我和人？

我全忘记了，——一些不省！

只觉轻飘飘的，好像浮着，

随着那歌声的转折，

一层层往里追寻。

1919 年 12 月 6 日，作新诗《满月的光》，发表于次年 2 月 1 日出版的《北京大学学生周刊》上，收入《踪迹》中，该诗细腻而抒情，表达了一种对美好情感的向往和心向光明的愿景。诗曰：

好一片茫茫的月光，

静悄悄躺在地上！

枯树们的疏影

荡漾出她们伶俐的模样。

仿佛她所照临，

都在这般伶伶俐俐地荡漾；

一色内外清莹，

再不见纤毫翳障。

月啊！我愿永远浸在你的光明海里，

长是和你一般雪亮！

1919 年 12 月 18 日，朱自清在《时事新报》副刊《学灯》上发表新诗《羊群》，署名余捷，这是第二次用这个笔名，该诗收入《踪迹》，诗曰：

如银的月光里，

一张碧油油的毡上，

羊群静静地睡了。

他们雪也似的毛和月掩映着，

啊！美丽和聪明！

狼们悄悄从山上下来，

羊儿梦中惊醒：

瑟瑟地浑身乱颤；

腿软了，

不能立起，只得跪着了；

眼里含着满眶亮晶晶的泪；

口中不住地芈芈哀鸣。

如死的沉寂给叫破了；

月已暗澹，

像是被芈芈声吓着似的！

狼们终于张开血盆般的口，

露列着嶙嶙的牙齿，

像多少把钢刀。

不幸的羊儿宛转钢刀下！

羊儿宛转，

狼们享乐，

他们喉咙里时时透出来

可怕的胜利的笑声！

　　他们呼啸着去了。

碧油油的毡上

新添了斑斑的鲜红血迹。

羊们纵横躺着，

一样地痉挛般挣扎着，

有几个长眠了！

他们如雪的毛上，

都涂满泥和血；

啊！怎样地可怕！

　　这时月又羞又怒又怯，

掩着面躲入一片黑云里去了！

　　这首诗堪称朱自清早期诗歌代表作。如果说前边的几首诗过于空灵和美艳，这首诗却有着充实的内容，有着对弱者的同情，有着对施暴者的愤怒。这首诗，朱自清还第一次有意识地采用诗歌的内部结构，并带有点小叙事诗的色彩和节奏，先是描写草原上的羊群，在夜幕下静静地睡了；接着是凶狠、残暴的狼们趁着夜幕悄悄下山了，它们直奔羊群而来。羊们被惊醒了，可怜的羊们并无反抗之力，它们有的只是战栗、哭泣和哀鸣；狼们才不管羊们发出的哀号，张开狰狞的血盆大口，开始撕咬着毫无还手之力的羊群；狼们如愿以偿了，饱餐一顿后呼啸而去，留在草原上的是到处喷溅着血迹的凄惨而恐怖的景象，就连毡包、草和泥土都被鲜血染红了；凶残的恶狼是趁着暗夜实施的罪恶，它们以为无人发觉，实际上，月亮看到了，看到了又怎么样呢？月光也无法阻止这场杀戮，只能愤怒，只能胆怯，最后无法目视，躲进了厚厚的云层中。

这首诗看似浅层次的表达——对被害者的同情，对施暴者的愤慨。细究起来，却含着深切的复杂的哲思，这便是月的表现。月在诗里三度出现，第一次是自然的月，如银的月光铺泻在草原上，掩映着熟睡中的雪白的羊群。在被狼群攻击、厮杀的时候，在羊们惨死的时候，月光暗淡了。惨剧过后的月亮又如何呢？是多层次的、复调的情感和表现，朱自清用了三个字"羞""怒""怯"，这是情感，也是一种软弱；而"掩面""躲入"，是表现，是行为，是不忍目睹。为什么有这样的情感和表现呢？难道这就是大众的人生？就是社会的日常？其实，这也是朱自清式的情感表达，他还没有鲁迅式的呐喊，没有救救孩子式的呼叫，面对这样的残暴场面，只能对弱小者倾注着同情，这也是一般民众的普遍心态。朱自清以这样的形式，来唤起人们要直面人生，要行动起来，不能躲在后面只顾羞怯和愤怒，而羞怯和愤怒是没有用的。

这首诗，还被当年的选家选进《新诗年选1919年》，该年选由北新社编，上海亚东图书馆1922年8月出版。

1919年12月21日，朱自清创作新诗《新年》，发表于次年1月4日《北京大学学生周刊》创刊号上，署名佩弦，收入《踪迹》。诗曰：

夜幕沉沉，
笼着大地。
新年天半飞来，
啊！好美丽鲜红的两翅！
她口中含着黄澄澄的金粒——
"未来"的种子。
翅子"拍拍"的声音
惊破了寂寞。
他们血一般的光，
照彻了夜幕；
幕中人醒，
看见新年好乐！
新年交给他们

那颗圆的金粒；

她说，"快好好地种起来，

这是你们生命的秘密！"

原本，这种应景式的小诗十分难作，也不大有人愿意去写。但朱自清不但写了，还写得颇有意味，居然把新年比作天使，生出两只鲜红的翅膀飞来了，且口中还含着金粒，那便是未来的种子——预示着旧年告别了，而新年的希望更大。新年的翅膀发出的声音，打破了旧时的寂寞，以鲜血一般的光，照亮夜幕，也唤醒了人们。当人们醒来时，看到天使带来的新年，好不快乐啊。他们接过闪闪发光的金粒，要好好地种下来，这既是生命的秘密，也会收获更多的果实。毫不夸张地说，这首诗在朱自清的新诗中，其意象和表达，都颇具艺术价值。

有趣的是，朱自清还写过一首同题诗《新年》，这已经是两年以后了，在西子湖畔浙江一师的朱自清，和好友叶圣陶在即将到来的新年前夜，作彻夜长谈，聊文学，聊人生，聊工作，也聊各自的小家和未来的理想，于是，一首新诗写成了，这便是另一首《新年》，诗曰：

一

迎春花开放

在火红的太阳底下

你听，那是百鸟的啁鸣

它们惊喜地叩响了

春天的第一道门扉

白云衔来温暖的思念

久违的问候

又为我们带来了新年的祝福

那些沉甸甸的欢笑

像父亲母亲的双手写满劳动和收获

一杯烈酒

盛满酽酽的乡愁

在迎风的早晨把我醉倒

漂泊的游子

不由得加紧了回家的脚步

我所热爱的少女

已经久未谋面

仿如故园里微微颤栗的蛛网

默默地长成了蚕茧

趁春风还早，我要快快赶路

好问心爱的姑娘一声

爱情，可会在这个春天，开出花来

二

清透的风，正从远处吹来

那里有少女的香味

带着野百合的私语

在一瞬间绽放

青涩地，爱人的手臂

温柔地缠绕，把你拥抱

拨动春天的琴弦

季节的距离如此强烈无法抵挡

如同大地孕育着希望

我看见乡亲们，在新年的日子里

谈论着往事的收成

细数三百六十五个日子和节气

说到春天

大家的眼里又开出了火焰

那个时候，玉米成串地挂在屋檐下

黄澄澄的喜气

飘满家园，让人看了心里

感觉兴奋而踏实

于是莫名地想起

多年前下着雪的某一天

亲人们合在家门照的一张全家福

三

碰落了第一滴露水

氤氲开来，它是七彩的

北方的冰雪消融

南方的树木吐绿

嘀嘀的汽车声里

一路开来，那是春天的婚礼

生命中注定抵达的幸福

你要在哪里醒来

倾听圣洁的歌唱

眼前美好的一切

顺手就能摸到的东西

像诗歌和水一样一见钟情

然后在春天里甜蜜地怀孕

可我还是会想起村庄

坐在一片田野上的村庄

向着河流的方向飞翔

莫非是那不停吹来的微风

引得我张望

初长成的小妹

她正站在家园的路口迎接

以一朵迎春花的姿势

为你献上这首祝福的诗

　　我不大喜欢用"各有特色"这种敷衍的词来形容某篇作品。就算是拿"各有特色"来比较，"特色"也是可以分出高下的。所以，我在反复阅读这两首同题诗之后，毫不掩饰地认为，早期的《新年》比后期的《新年》要高一大截，无论是词语组织、艺术特色，还是意境表达，诗意、诗情的呈现，都无法同日而语。这可能是因为写第一首《新年》的时候，朱自清还是一个单纯的、略显青涩的大三学生，思想和情感还毫无杂念，还在为诗而诗，为艺术而艺术；而写第二首《新年》的时候，他已经经历了不少风雨，浙江一师的任教，扬州八中的挫折，中国公学中学部的风潮，加上新认识了不少朋友，和俞平伯、叶圣陶等青年作家成为知交，思想和情感在经过沉淀后，已经趋向成熟。成熟就会使人更加的理性，而诗人理性化了，会在作品中呈现，如在诗歌中呈现，就会趋于生活化和程式化，就缺少诗歌可贵的单纯和冲劲。这不仅是我的阅读感受，也是自己的创作心得。

积极参加社会活动

1919 年年末，朱自清参加了"平民教育讲演团"。

"平民教育讲演团"是五四运动前夕，北京大学进步学生组织"学生救国会"的一个组成部分，于 1919 年 3 月成立，邓中夏在成立会上被推选为总干事。邓中夏是湖南宜章人，出生于 1894 年，1915 年春季考入长沙湖南高等师范学校文史专修科，1917 年，邓中夏随父亲来到北京，考入北京大学国文门（文学系），和朱自清本科同一年。邓中夏所担任的北京大学平民教育讲演团的宗旨是，"增进平民知识，唤起平民之自觉心"。讲演团成员都来自北京大学各科学生，除邓中夏外，还有许德珩、廖书仓、康白情、罗家伦、周炳琳等骨干，不少人都是朱自清的同班同学。讲演团属于北京大学的课外社团，经常利用课余时间和节假日，深入街头和京郊农村，进行讲演活动，内容除讲解时政、宣传爱国思想外，也传播科学文化知识，在当时产生了一定的社会影响。五四运动期间，讲演团主要成员都成了骨干，5月6日，北京中等以上学校学生联合会成立时，邓中夏被推为北京联合会总务干事，成为三个主要负责人之一。一开始，朱自清并没有参加"平民教育讲演团"，直到年底，才正式加入。

几乎在参加"平民教育讲演团"的同时，朱自清又参与了北京大学"校役夜班"的教学工作，负责教授国文。

北京大学的"校役夜班"成立时间更早，是在校长蔡元培的支持下，于1918年春季创办的，让校役进入大学课堂，免费学习修身、国文、算术、理科、外国语等课程，教员全由在校学生担任，傅斯年、罗家伦等都是"校役夜班"的老师。义务授课，不取报酬。"校役夜班"在当时的影响也很大，不仅能让校役学到科学文化知识，还锻炼了学生适应社会的能力。朱自清北大毕业后，能顺利地走上教师岗位，不能说和在校期间给"校役夜班"的授课没有关系。1920年1月，"校役夜班"又改成了"平民夜校"，朱自清依然在"平民夜校"担任国文老师。

朱自清给"校役夜班"和"平民夜校"的学员授课是认真的，备课也好。1920年2月6日，北京大学平民夜校教授会的文科教授主任选举中，朱自清获票较高。当然，此"教授会"的教授，只是担任夜校教学工作的"教授"，不是真正的大学

北京大学平民教育讲演团宣讲所

教授。

　　1920 年 4 月 6 日，朱自清与杨钟健等平民教育讲演团的成员共八人，赴河北通县（今北京通州）讲演。杨钟健出生于 1897 年，比朱自清大 1 岁，陕西华州人。1910 年毕业于华州教育会附设两等小学堂，1913 年考入西安三秦公学中学班，后又入西安省立第三中学读书，1917 年考入北京大学预科，后专攻地理专业。这次到通县讲演，朱自清一行主要宣传共和国国民的义务与权利，国民应有的精神风貌、平等自由和社会理想，还有破除迷信的重要性等。听众踊跃，热情很高，总计有五百人。朱自清上午和下午各讲演了一次，分别是《平民教育是什么》和《靠自己》。

那时候的讲演团成员，有的还带着铜锣鼓号，在讲演之前，选好地点，进行热身宣传，目的就是吸引更多的民众参与。特别是农村庙会、市集等民众聚集和流动较大的地方，铜锣鼓号还是有一定的渲染作用的。讲演团成员的构成，多为《国民》杂志社、《新潮》社成员。五四运动前，讲演团的活动多属一般的启蒙教育，"五四"以后讲演内容具有鲜明的反帝反封建色彩，如"青岛问题""国民自决""中国现在的形势是怎么样的"等。

1920年4月18日，朱自清在北京城北京师公立第十讲演所演讲，题目是《我们为什么要求知识》。"城北京师公立第十讲演所"是"平民教育讲演团"与京师学务局交涉，借到该局所属的东、南、西、北四城地点规模相当的讲演所，作为每星期日定期讲演的固定场所，城北第十讲演所，位于地安门外大街北城后门桥。这年的5月2日，朱自清又来到城北京师公立第十讲演所演讲，这次的演讲题目是《我们为什么要纪念劳动节》，这两次讲演的内容，都很平民化和普及化，使民众很容易理解接受。

1920年5月间，北京第一次为纪念五一国际劳动节而组织大规模活动，当时上海的《时报》曾以《北京之劳动纪念》为题，对此进行专门报道。朱自清所讲的内容，也是围绕这次活动而准备的。也是在这次北京大学组织的五一纪念会上，蔡元培校长发表了题为"劳工神圣"的热情洋溢的演讲。蔡元培提出，"凡是用自己的劳力做成有益他人的事业，不管他用的是体力、是脑力，都是劳工"，并强调"劳工当自尊，不当羡慕其他不劳而获之寄生物"。蔡元培提出这种思想和口号，反映了对劳工大众的热爱，意味着五四文人对民间力量有了重新的认识与定位。朱自清在临毕业的前夕，还能够积极参加社会活动，深入民众当中，体会民众疾苦和需求，并普及民众想知道的基础知识，为唤醒民众，做出了积极而有益的贡献。

这里可以补记一笔的是，朱自清从北大毕业一年多以后，即 1921 年 10 月 10 日，在《时事新报》副刊《文学旬刊》（双十增刊）发表一篇评论，即后来引起讨论的《民众文学谈》，署名柏香。这篇文章，就是朱自清在北大临毕业前夕，受参加"平民教育讲演团"的影响，然后酝酿很久的一篇创作。该文认为，民众文学包含两个意思：一是民众化的文学，即以民众的生活理想为中心的通俗化的文学，民众化而外，便无文学；二是为民众的文学，即文学作者为民众所喜闻乐见的，旨在提高、改善民众认知和精神的文学。这两种文学中，所可能实现的可能只有后者。在《民众文学谈》中，朱自清开篇就引用俄国作家托尔斯泰在《艺术论》里极力抗议现在所谓优美的艺术。托尔斯泰说："其实我们的艺术……却只是人类一部分极少数的艺术。"又说："凡我们所有的艺术都认为真实的、唯一的艺术；然而不但是人类的三分之二（亚洲、非洲的民族）生生死死，不知道这种唯一的高尚艺术，并且就在基督教社会里也不过是百分之一的人能享受我们所称的'全'艺术，其馀百分之九十九的欧洲人，还是一代一代生生死死，做极劳苦的工作，永没有享受着艺术的滋味——就是间或能享受着，也决不会恍然'了解'。"朱自清又引法国罗曼·罗兰在他的《演剧论》末所附的宣言里的相关议论："艺术今为利己主义及无政府的混乱所苦。少数之人擅艺术之特权，民众反若见摈于艺术之外。……欲救艺术……必以一切之人悉入于一切世界之中。……为万人之快乐而经营之。不当存阶级之见，有如所谓下等社会、知识阶级云云者；亦不当为一部分之机械，有如所谓宗教、政治、道德，乃至社会云云者。吾人非欲于过去、未来有所防遏，特有表白现在一切之权利而已。……吾人之所愿友者，能求人类之理想于艺术之中，探友爱之理想于生活之中者也；能不以思索与活动与美，民众与优秀为各相分立者也。中流之艺术今已入于衰老之境矣；欲使其壮健有生气，则唯有借民众之力……"朱自清在引用两位国际文学大师的话之后，评论道："这两位伟大的作者十分同情于那些被艺术忘却的人们，所以有这样真诚的呼吁；他们对于旧艺术的憎恶和对于新艺术的希望，都热烈到极点。照他们意思，从前艺术全得推翻，没有改造底馀地；新兴的艺术家只须'借了民众之力'，处处顾到托尔斯泰所谓'全人类底享受'，自不难白手成家。于是乎离开民众便无艺术——他俩这番精神，我们自然五体投地地佩服；见解呢，却便很有可商量的地方了。"

接着，朱自清开始了系统的评论，主要还是引用国际有影响的名家大师的观点，来佐证自己的观点。最后，在论到中国民众文学时，朱自清说："颇令人黯然。据我所知，从来留意到民众的文人，只有唐朝白居易。他的诗号称'老妪都解'，又多歌咏民生疾苦，当时流行颇广。倘然有人问我中国底民众文学，我首先举出的必是他的《秦中吟》一类的诗了。近代通俗读物里，能称为文学的绝少。看了刘半农底《中国下等小说》一文，知道所谓下等小说底思想之腐败，文字之幼稚，真不禁为中国民众文学前途失声叹息！"又建议道："要企图民众底觉醒，要培养他们的情感，灌输他们的知识，还得从这里下手才是正办。不先洗了心，怎样革面呢？这实是一件大事业，至少和建设国语文学和儿童文学一样重要，须有一班人协力去做，才能有效。现在谁能自告奋勇，愿负了这个大任呢？"进行改造民众文学的方法，朱自清也提出了自己的方案："一，搜辑民间歌谣、故事之类加以别择或修订。二，体贴民众底需要而自作，态度要严肃、平等；不可有居高临下底心思，须知我也是民众底一个。地方色彩，不妨浓厚一些。'文章要简单、明了、匀整；思想要真实、普遍。'三，印刷格式都照现行下等小说，——所谓旧瓶装新酒，使人看了不疑。最好就由专印下等小说的书局（如上海某书局）印刷发行。四，如无相当的书局，只好设法和专卖下等小说的接洽，托他们销售。卖这种小说的有背包的和摆摊的两种：前者大概在茶楼、旅馆、轮船上兜售；后者大概在热闹市街上求售。倘然我们能将民众文学书替代了他们手中的下等小说，他们将由传染瘟疫的霉菌一变而为散布福音的天使了！"

但是，朱自清的观点，并没有得到文学界的普遍认同，好朋友俞平伯立即写文，与朱自清进行讨论，文章标题为《与佩弦讨论"民众文学"》。1922 年 1 月 18 日，朱自清又写作了一篇《民众文学的讨论》的评论，分两次发表于 1 月 21 日《时事新报》副刊《文学旬刊》第 26 期和 2 月 1 日第 27 期上，署名朱自清。二人争论的核心是如何看待民众文学。朱自清和俞平伯的争论，还引起了文学研究会诸位作家的兴趣，郑振铎还在他主编的《文学旬刊》开辟专栏组织讨论，叶圣陶、许宝驹、郑振铎等新文学作家都著文参与了讨论。

毕业那一年

朱自清在散文《买书》一文中说："在毕业的那年，到琉璃厂华洋书庄去，看见新版韦伯斯特大字典，定价才十四元。可是十四元并不容易找。想来想去，只好硬了心肠将结婚时候父亲给做的一件紫毛（猫皮）水獭领大氅亲手拿着，走到后门一家当铺里去，说当十四元钱。柜上人似乎没有什么留难就答应了。这件大氅是布面子，土式样，领子小而毛杂——原是用了两副'马蹄袖'拼凑起来的。父亲给做这件衣服，可很费了点张罗。拿去当的时候，也踌躇了一下，却终于舍不得那本字典。想着将来准赎出来就是了。想不到竟不能赎出来，这是直到现在翻那本字典时常引为遗憾的。"这段文字，现实而准确地反映了朱自清那时的行为和心态，要学习，要写文章，要搞翻译，《韦伯斯特大字典》是他非常喜欢的书，是写作中会用到的书。但同时，他又没有那么多钱，只好当衣服。因为衣服是父亲为他结婚时定制的，又舍不得，想以后再赎回。后又因无力赎回而遗憾。那么韦伯斯特是谁呢？这又是一本怎样的大字典？综合网上资料，简略介绍如下：韦伯斯特号称美国学术和教育之父，1758年出生于康涅狄格州西哈特福市的一个农场主之家，16岁入耶鲁大学学习。1778年毕业后，由于负担不起学习法律的费用，他到各中小学去教书。1781年获法律学位，但毕生未从事法律相关的工作。他的主要成就是编写书和字典。

我在网上查到1911年出版的英语版《韦氏大词典》，出版社为韦氏词典公司，硬壳精装，1764页，开本比较大，内页分三栏，横排，有插图，看起来很豪华，要价2000元。朱自清购买的不知是不是这个版本。无论如何，朱自清在那个年代，能花如此大价钱，购买一本书，足见他对学习的热爱。

在新的一年里，朱自清的创作依然延续1919年下半年的势头，1月9日，创作了新诗《煤》，发表于1920年3月14日出版的《北京大学学生周刊》第11号上，署名朱自清。后来收入诗集《雪朝》里。该诗热烈地歌颂了煤的勇于奉献的精神。诗曰：

你在地下睡着，

好腌臜，黑暗！

看着的人

怎样的憎你，怕你！

他们说：

"谁也不要靠近他呵！……"

　　一会你在火园中跳舞起来，

黑裸裸的身材里，

一阵阵透出赤和热；

啊！全是赤和热了，

美丽而光明！

　　他们忘记刚才的事，

都大张着笑口，

唱赞美你的歌；

又颠簸身子，

凑合你跳舞的节。

　　1920年1月25日朱自清创作了一首白话诗，诗名叫《北河沿的路灯》。该诗和《煤》一起，发表于本年3月14日出版的《北京大学学生周刊》上，却署了另一个名字，佩弦。该诗收在《踪迹》一书中。在这条胡适、刘半农、周作人等名教授经常散步并"嗡嗡"过现代诗的路上，有着怎样的路灯呢？请看：

有密密的毡儿，

遮住了白日里繁华灿烂。

悄没声儿的河沿上，

满铺着寂寞和黑暗。

只剩城墙上一行半明半灭的灯光，

还在闪闪烁烁地乱颤。

他们怎样微弱！

但却是我们唯一的慧眼！

他们帮着我们了解自然；

让我们看出前途坦坦。

他们是好朋友，

给我们希望和慰安。

祝福你灯光们，

愿你们永久而无限！

这是临毕业前几个月写的诗，其思想性和艺术性已经相当
高了，通过北河沿的灯光，不仅可以"了解自然"，还"让我们
看出前途坦坦"。同时也从中看出，年轻的朱自清，和他的老师
们一样，经常流连于北河沿一带，不仅观赏美丽的河畔风光，
还带有自己的人生思考。也是在这一天出版的第 4 号《北京大
学学生周刊》上，朱自清发表了所翻译的短篇小说《胜者》，

这是德国作家 L.J.Hoh 创作的，署名朱自清。该小说不足一千字，为全面了解年轻时候朱自清的翻译水平，现将此小说转发于下：

羊儿站在栏里颤着，彼此紧紧的靠着。它们经恐怖磨练过的感觉知道劫食的动物走近了，比牧羊的感着的快得多——比守栏猛狗还快些。

老牧羊孔庸小声儿叽咕着："周围有狼了。"梅来买偷偷的从木桩的缝里向暗处瞧了一瞧，细语道："两个狼"，"三个狼，我们叫起狗来罢。"他们悲咽的声音把一只顶乖觉的狗惊醒了。它竖起耳朵嗅着了狼，便毫不耽搁，狺狺的叫着，跑到围篱门口，直望贼人沙利的咽喉扑去，沙利却正惦着偷进来呢。

好呀！狗在那里多敏捷啊！牧羊的从床上跳起来了，拿着斧头和枪。枪声，呼号声，被压着的哀鸣声，受伤的悲啼声，重伤的死的呻吟声扰攘了一晚。牧羊的和狗在一片大雪的地里向远处追赶在逃的沙利的大队去了。

那里母狼躺在篱旁的沟里，在它的血里辗转着，呻吟道："我能懂得羊，他们怕我们，为的是他们的生命。我能懂得追我们的人，他们贪着他们的食物。但我不能懂得那些狗，什么东西使得他们待我们比他们的主人牧羊的还严厉呢？他们占有羊么？他们可以吃着他们的肉，喝着他们的乳，或剪着他们的毛么？为什么那些狗便忘了我们是他们的同族，他们的饥饿而粗野的同族呢？他们这班喂肥了的叛徒，从不能记忆的时代里便心悦诚服的去做奴隶，以饱他们的肚皮，而我们一直是自由的，不过苦些，我们一直在丛林和荆棘里游行，我们没有一个敌人比我们巧滑的兄弟们——狗——再咆勃的。"母狼在篱旁沟里死的时候这般说。

牧羊的回来了，满载着捕获剥得的狼皮。好勇斗狼的狗叫出得胜的声音，绕着它们的主人跳跃，一个最老的牧羊的喊道："兄弟们好一场利害的争斗啊！我们喝点酒休养休养罢。来人，把这些皮拿去。"他们便围着重燃的火蹲着，羊们已经把头聚拢来很深切的会议过了。老牧羊孔庸把身子挤到篱棚里，在牧羊的面前致词道："啊！主人，谢谢你们，喂着我们，保护我们。谢谢，诚心的谢谢你们和狗，他们正是救我们出大险的。我们用全群的名义谢谢你们。"老牧羊的很仁爱地点了点头道："你们领会我们的关心，是你们的光荣。我们为你们而危及自己的生命，已经无数回了；所以你们应该一心一意的归依我们的保护才对。孔庸，你去罢，把我们更进的善意和恩惠通知你们群里。"牧羊退了。

他们喝酒的时候，有一个说："弟兄们，你们猎后不饿么？那老牧羊该怎样宰呢？"他们宰了他。他便以忠臣死。

这篇小说的故事情节极其简单，朱自清翻译它，也许只是为了练练笔，因为这段时间已经翻译了好几篇文章了。1920年3月18日，朱自清创作了新诗《小草》，发表于本年4月1日出版的《晨报》上，署名佩弦，又载次年10月1日出版的《新潮》第3卷第1期上，署名朱自清。该诗收入《雪朝》一书中。诗曰：

> 睡了的小草，
> 如今苏醒了！
> 立在太阳里，
> 欠伸着，揉她们的眼睛。
> 萎黄的小草，
> 如今绿色了！
> 俯仰惠风前，
> 笑迷迷地彼此向着。
> 不见了的小草，
> 如今随意长着了！
> 鸟儿快乐的声音，

"同伴，我们别得久了！"

好浓的春意呵！

可爱的小草，我们的朋友，

春带了你来么？

你带了她来？

1920 年 3 月 20 日，朱自清翻译的论文《短篇小说的性质》，发表于《时事新报》副刊《学灯》上，署名柏香。朱自清又启用了新的笔名。这篇译文，是国内较早以译文的形式对短篇小说定义的文字，虽然这时候白话短篇小说在鲁迅的《狂人日记》发端以后，已经形成了集束发展的趋势，又涌现出叶圣陶、郁达夫、汪敬熙等新晋作家，但毕竟还是白话小说的初期，许多作家还在探索之中，朱自清的这篇译文，堪称及时雨，给发展的短篇小说带来了一种参考。该篇论文的原作者为 Fittenger，开篇就引用了 19 世纪之前，郝威尔在《北美评论》中给短篇小说所下的定义："正当的短篇小说绝不是从大树截成小树的小说，也不是插在地上当作小树的大树的枝条。他是另外的一种，是受无意识界里动作的原动力规定的，那些原动力合起来自成一种东西，不成别种的东西。"现在看来，此观点依然是对的。只是当我们去理解"无意识界"这个词时，要颇费一番脑筋了。但是"大树截成小树""大树的枝条"这个比喻真是形象。作者继续引用马秀斯的《短篇小说的哲学》，说道："一篇真短篇小说和只是'短篇'的小说不同，也不由于此。一篇真短篇小说和说部 Nouel 最不同的地方，就在他只有一个精彩的印象 Essential Unity of Impresstion，若把'短篇小说'这名字用得格外严密些，就可以说他有的一些，而说部是不能有的。……一篇短篇小说只说一个人物，一桩事情，一种情绪，或一个刺激所唤起的一类情绪。"对这段话的理解也根据理解者的水平了，特别是"一篇真短篇小说和只是'短篇'的小说不同"这一句，就算是这方面的写作者，也不一定能真正地理解。作者继续引用汉弥儿敦的《小说的材料和方法》，道："短篇小说的目的，是要用最经济而有力的方法生出一个叙述的效能。"这一句太有力量了。然后，作者才以毕恩孙的《父亲》和莫泊桑的《弦子》为例，认为短篇小说总要有一个紧密的和直接的单纯性，而"这个单纯性是和奇闻 Anecdote 的单纯性相等的，但是奇闻绝不能有这些单纯的短篇小说的戏剧可能性，因为短篇小说一定总有一种情绪的紧张，这种紧张只在人生极紧急的试验里才有的"。这一句说得太厉害了，简直就是短篇小说的要点。接下来，朱自清的译文，把原作者的意思，完美地予以了呈现："短篇小说不求长篇小说里所要的一致 Consistency，因为没有这许多元素需要适宜的排列和指挥的缘故，但是短篇小说一定要有独创的多变的题目，要结构得巧妙。要有活泼泼的想象力照彻全篇。日常生活里一个偶然事件，在倏忽一现里，给我们把捉住了，我们以这样态度拿他到读者面前，显明这全体的印象大部分是由暗示得来的。这个偶然事件可以是生活史里的转机，如在'从前的他'里；可以是习惯底精神的克制——这些习惯似乎是固据在灵魂里，色彩不易磨灭的——和一种骤然的，不挠的做人的决心，如在'马克韩'（Markheim）的事情里；也可以是精神上幸福的价值的逐渐实现，如毕恩孙在他的小说《父亲》里所简明表现的。"这段论述，直到如今也可以说是短篇小说创作的指南。

1920年3月22日，朱自清在当日的《时事新报》副刊《学灯》上，发表新诗《努力》，署名柏香。诗人借船夫和风浪搏斗的景象，鼓励人们不能放弃、激流勇进，只有这样不断努力，才能创造属于自己的世界。诗曰：

河的中流，

一只渔船荡着。

桨师坐在船头，

两眼向天望着。

"呀！天变了，

风暴给我撞着！……

看他雨横风狂，

　　只好划开船让着！"

容你让么？

　　船身儿不住的前后躺着。

"不让了！"

　　尽向浪头上飐着……

船呢？

　　往前了，和波涛抢着！

"有趣啊！有趣啊！"

　　桨师口中唱着。

沸腾的浪花里，

　　忽隐忽现的两枝桨儿荡着。

哦！远了，远了，

　　只见一点影儿一起一落地漾着！

努力！努力！

　　你们自己的世界，你们在创着！

努力！努力！

直到死了，在洪流里葬着！

在 1920 年的 3 月，因创作上取得的成果，朱自清和冯友兰、孙福熙一起，加入了"新潮社"，正式成为社员。"新潮社"成立于 1918 年 11 月 19 日，距这时不过一年多时间，朱自清创作的巨大成果，不能说不受"新潮社"的影响，他加入，自然成为该社的早期重要成员之一。和他同时加入的冯友兰，此后也是大名鼎鼎，而孙福熙作为孙伏园的弟弟，此时也从事小说、散文的创作，成绩喜人。"新潮社"发起成员之一的孙伏园在《悼佩弦》一文中，回忆了和朱自清一起讨论思想、学术的情景："我们比较相熟还是在新潮社共同讨论《新潮》稿件和一般思想学术问题的时候。佩弦有一个和平中正的性格，他从来不用猛烈刺激的言词，也从来没有感情冲动的语调。虽然那时我们都在二十左右的年龄。他的这种性格近乎少年老成，但是有他在，对于事业的成功有实际的裨益，对于分歧的异见有调和的作用，甚至他一生的学术事业也奠基在这种性格。"在这篇悼文中，孙伏园还深情地回忆了和朱自清的同学之谊："佩弦和我相识还在三十余年前的同学时代。他的国语带扬州音，我的国语带绍兴音，虽为小同乡，但他只知道他老家在城内大云桥，对于当年绍兴的一切所知极少，所以在'绍兴'这题目下我们谈不起什么来，而且狭义的绍兴同乡背后还讥笑他连'大云桥'三个字也用的全是国语的读音。"

这年的上半年，朱自清还写了一首《北河沿的夜》，诗曰：

沉默的天宇，

闪烁的灯光；

暗里流动着小河，

两岸敧斜着柳树。

树们相向俯着，

要握手么？

在商量小河的秘密么？

树们俯看小河，

河里深深地映出许多影子。

这也是他们自己么？

是他们生命的征象罢？

岸上的灯光，

从树缝里偷偷进来；

照得小河面上斑斑驳驳，

白一块，黑一块的，

像天将明时，东方的云一样。

那白处露出历历的皱纹，

显出黑暗里小河生活的烦闷。

这是朱自清写作的第二首关于北河沿的诗。关于这条北大河，朱自清在北京的四年中应该十分熟悉了，也没少在河边徜徉和踟蹰，河边的人家、市声、庭院、老墙，都会给朱自清留下很深的印象，但是朱自清没有写他的日常生活，却写他经历过的夜——几盏路灯，沉默的天宇和闪烁的灯光，而这些诗的映象，也正是朱自清要表达的心境，对生活的一丝烦闷和怅惘，还有怅惘和烦闷中的希望。

1920 年 5 月，朱自清从北京大学毕业了，获文学士学位。朱自清为什么在大学三年级结束就能取得毕业资格呢？如前所述，朱自清因家境困难，他越级考进了本科。与此同时，校长蔡元培改革学制，由学年制改为学分制，规定本科学生学满八十个单位（每学年每门课程的周学时数为该课程的单位数）即可毕业，其中一半为必修课，一半为选修课。这给不少贫寒的学生以减少学习时间、提前毕业工作的机会，而朱自清抓住了这个机会。在北大读书期间的生活情况，陈竹隐在《忆佩弦》一文中曾说："五四运动前后，在北京大学读书的那几年，冬天晚上睡觉，只有一床破棉被，要用绳子把被子下面束起来。"就是在这样寒苦的情况下，朱自清学习还那么好，还创作了那么多文学作品，真的很让人感佩。

1920 年 6 月 14 日，朱自清在《时事新报》副刊《学灯》

上发表新诗《怅惘》，署名柏香；次年 10 月 1 日又在《新潮》
第 3 卷第 1 期上发表，署名朱自清。该诗收入《踪迹》。诗曰：

只如今我像失了什么，

原来她不见了！

她的美在沉默的深处藏着，

我这两日便在沉默里浸着。

沉默随她去了，

教我茫茫何所归呢？

但是她的影子却深深印在我心坎里了！

原来她不见了，

只如今我像失了什么！

这首诗应该是他大学期间所作的最后一首诗了。这首诗，
表面上是在抒写所追求的"爱人"而不得的惆怅情绪，实际是
否又是他对于离开大学的不舍呢？

震撼人心的《异样的人》

    毕业前夕的朱自清，翻译了一篇小说《异样的人》，该小说于1920年6月1日在《解放与改造》第2卷第11号发表，署名柏香。这篇小说没有单独收入集子中。1993年5月，江苏教育出版社在出版《朱自清全集》时，编者朱乔森先生将该篇小说收在第8卷里，编者加了个写作日期为1920年6月1日，实际上这是发表该小说的杂志的出版日期，写作时间应该在这之前。这篇小说的作者是 Fanny Kemble Johnson。百度上没有查到这个作者，我试着拼读一下，可以读作范妮·坎布尔·约翰逊，不知其国籍，也不知道朱自清是从什么渠道得到这篇小说原文的。但不得不说，这是一篇优秀的小说，虽然篇幅不长，其故事和内涵却直指人心，让人震撼。

    结构上，这是一篇没有什么技巧的小说，叙事也冷静、平缓，讲述了一个偏僻的位于乱山的村子里，因为四年间的战事不断，人都出去打仗了，先是较老的人，后是青年，再后是学童，四年以后，村子里最后除了战死的和饿死的以外，全部都是残疾和畸形的人。他们都是什么样的呢？"一个少年只有一部（分）的面目，他必须戴上一个彩画的铁片面具，像假期作戏的人一样。又一个少年有两腿而没有两臂，又一个有两臂而没有两腿。还有眼睛烧瞎了的，呆呆地瞪着，和死人一般，他自己的母亲也难向他看着了！有一个既无两臂，又无两腿，并且因为他的不幸，已经发狂了；他终日躺在摇篮里，像一个婴儿。还有一个很老的人，因为吸了毒气，日夜呼吸局促；又有一个，还是孩子，看见弹壳的碰击，就会发抖，像高风里的树叶一般；听见声音，就会惊啼起来。他也失掉一只手，他的面目，虽然还不至于要用面具，却也失了一部分了。"这就是村子里现有人的形状，他们怎样活着，小说里没有说，但是读者可以想象得到。他们看对方的时候，是什么样的感受，大家也能想象到。鲁迅写孔乙己因为偷了东西而被人打折了腿，他的行走方式是用手在行走，因为残腿的累赘，必须要把腿盘着绑在蒲团上（这时候的腿反而成多余的了）。怎么行走呢？我试着走了一下，真是太艰难了。这个山村的人，有腿无臂的，有臂无腿的，无臂无腿的，双眼被烧瞎了的，有一部（分）的面目的（就是一半的脸），他们都还活着，哪怕戴上铁片的面具，也活着，活着就要生活，生活就要行动，我们可以试着想一下他们的行动和生活方式，真的身临其境，怕是连活着的勇气都没有了。特别是那个无腿无臂、终日躺在摇篮里，并且已经疯了的、像婴儿的人，他的生活日常，要完全靠另一些断胳膊少腿的人服侍——这就是整个山村的现状，非常惨烈的现状。但是，即便是在这样的情景下，行政当局也没有放过他们，以关心的名义，给他们提供各种巧妙的器具，教他们能够维持一部分自己的生活，而且还能挣钱，还能付他们应缴纳的税款——这种盘剥够恐怖了吧？没错，先以正当的理由（战争）让他们变成不是人的人，然后为了他们的余生再施以援手，借口是让他们自食其力，其实是为当权者创造财富，最后再让这些非人的人感恩戴德。这个画面是不是很熟悉？

这里的山村还是美丽的，"有风车，锻冶店，和公所。有成行的小屋，乡村的教堂，银光的瀑布，斑驳的田亩，铺在山坡上，和多少块鲜明的妇人头巾一样，有成队的家禽，有山羊和牛——虽然这些以前没有这样的多。有妇人们带着些孩子，但是，很少了，因为妇人们已经明白，他们现在不要儿子了，儿子是许有一天失掉肢体，发了狂，被送回来，在摇篮里让人摇着的——也许有多少年"。

就是在这样的环境里，他们苟延残喘着。但是总有一些年少的女人，禁不住冲动而生了一两个孩子，这事发生在战争的次年。其中有一个孩子，在村子里慢慢成长着，慢慢和那些因战争而残疾的人混在一起，渐渐相熟了，那些戴着铁面具的人，那些没有双腿的人，那些没有双臂的人，那些没有眼睛的人，包括那些疯子和身上被烧焦后呈现出各种色彩的人，都是他的玩伴，他和他们朝夕相处，耳鬓厮磨。他在这样的环境中，会产生快乐和愉悦。因为这是他所认知的世界；他以为他身边的这些人，天生就是这个样子，就应该是这个样子，不是这个样子，还是什么样子呢？这就是他见到的世界，也是唯一的世界。

村里的各种残疾人也会看着他，看他慢慢成长，从一个月，到1岁，他们有的人看他像是某个死去的人的儿子，有的人看他像是某个受伤的人的儿子。总之，无论谁看到这孩子，都会给他们带来快乐。当这个孩子长到三四岁的时候，在一个明媚的夏天的早晨，他模模糊糊地走出了村庄，沿着山涧边，找到了一个池塘。这个孩子在池塘边玩了一会儿，还往池塘里扔了石子，又去追一群野鸭，孩子沉浸在自由的世界里，就这样，迷路了，走进了一条小谷里，走了不多一会儿，他看到了一片绿光，那又是一个池塘，池塘像镜子一样，映照着边上的三棵树。而树下，正站着一个美少年。美少年也看到这个孩子了。为了展示自己，美少年脱了衣服，到池塘里游泳了，还扎了几个猛子，身体非常的灵活。在岸上的孩子看得目瞪口呆，还以为这是一个什么怪物。美少年在池塘里玩够了，爬到岸上，弯腰拿起他的衣服，去穿衣服了。在岸边的孩子，不仅是目瞪口呆了，他还突然感到了害怕，对从未见过的这个怪物感到害怕。在孩子的眼睛里，这个美少年是什么样子呢？小说写道："他有两臂，两腿。一个有眼睛的全面，鼻子，口，下颌，和耳朵，都是全的。他能看，因为他穿衣时，曾经四面的瞧。他能说话，因为他曾高声的唱。他能听，因为他后面有鸽翅的声音时，他曾急转过身来。他的皮肤全体光滑，没一处有那黑而深红的地图，那些是孩子在烧坏的人的两臂、面和胸上可以找着，并且觉着很有趣味的。他没一时呼吸局促，或发狂般震颤，也不听见声音就惊啼起来。这确是不能解释的事，所以便可怕了。"

同时，美少年也感到奇怪，不知道这个孩子为什么突然惊惧起来，而且还哇哇地大哭起来。当美少年看到孩子的母亲时，美少年好意地向她解释，说他并没有恶意，只是想给孩子点钱，因为他五年前路过村子时，村子里还有许多孩子，他都给他们钱了。但他为什么会如此惊惧呢？孩子的母亲告诉美少年道，先生，因为你很异样——他看见完整的人，还是他人生的第一次。小说到此结束。

虽然这是一篇平铺直叙的短篇小说，所传递的能量却是曲折而让人窒息的，一个美丽的小山村，因为连年战事，村上已经没有一个健全的人了，以至于偶然出生的一个孩子在成长的过程中，误认为村子里的人就应该是这个样子。当孩子在成长过程中稍微懂事并看到了一个健全的少年时，他被吓住了，被吓哭了——他把健全的人当成了怪物。这是一种怎样的凄惨景象呢？当把不正常当成正常，当把病态当成常态，难道不让人感到震颤吗？每一个正常的阅读者，都会感受到小说中传递出来的恐怖，感受到不能承受之重。

我们暂时还不知道朱自清是从哪里发现这个短篇小说的，是一本集子里还是杂志里。但我们不得不说，朱自清的鉴赏眼光非常独到，他没有选择别的小说，那些风花雪月，那些爱情甜蜜，那些励志传说，那些战争歌颂，那些侦探猎奇，那些历史志怪，都没有打动朱自清，而是选择这么一篇描写苦难并从苦难中让人警醒的小说，来介绍给中国读者。"五四"前后这一时期，中国新文学的小说家们，正以极大的热情书写时代的方方面面，却鲜有人能从这个角度发现民众的苦难和麻木，来批判当权者不顾民众的死活来发动战争。

朱自清能发现并翻译了这个小说，可能与他参加了"平民教育讲演团"有关，在唤醒民众的热情中，他试图从另一个角度来唤醒民众。但是，由于时代的局限和他个人思想的局限，加上面临着毕业之后的就业压力，他并没继续深入这个方向，去继续探索和研究，这是极为可惜的。

诗歌合集《雪朝》

简略统计一下，朱自清在大学期间发表的诗，计有《睡吧，小小的人》《小鸟》《光明》《歌声》《满月的光》《羊群》《新年》《煤》《北河沿的路灯》《小草》《努力》《北河沿的夜》等十余首，还有翻译论文和翻译小说，如果算上至少四篇讲演稿，这个数量算不少了。毕竟他是从大二下学期才开始写作的，时间也不过一年多。特别是在诗歌创作方面，已经显露出天赋来，给自己争得了诗名，在那一代涌现出来的新派诗人中，属于出类拔萃者。但是，由于朱自清不断地变换笔名，使一部分读者不能认识到这些诗是同一个作者，一定程度上影响了他在新文学创作界的知名度。

1920 年 5 月，朱自清大学毕业后，恰逢杭州的浙江一师闹了风潮，闻名全国教育界的"四大金刚"刘大白、夏丏尊、陈望道、李次九不满于当局的处理方式，纷纷离开，学校急需补充新鲜血液。在这种情况下，朱自清就在老师蒋梦麟的推荐下，和刚从国外回来的俞平伯一起，去了浙江一师担任国文教师。在赴江南的列车上，一首《沪杭道中》的小诗，开启了朱自清在江南担任教职和创作的新征途。

几个月后，即 1921 年 1 月，文学研究会在北京成立，周作人、朱希祖、郑振铎、耿济之、瞿世英、郭绍虞、孙伏园、沈雁冰、蒋百里、叶绍钧、许地山、王统照等十二人为发起人，郑振铎当选为书记干事。到了 1921 年 4 月，朱自清也加入了文学研究会，入会号为第 59 号，成为早期的重要会员之一。文学研究会在出版"文学研究会"丛书时，准备出版一部多人诗集，经郑振铎等人的策划，确定了五四新文学运动以来活跃在诗坛的八位诗人，他们分别是朱自清、俞平伯、周作人、刘延陵、徐玉诺、郭绍虞、叶绍钧、郑振铎，经过个人选报，每人收入的新诗数量不等，朱自清入选了 19 首，俞平伯入选了 15 首，周作人入选了 27 首，徐玉诺入选了 48 首，刘延陵入选了 13 首，郭绍虞入选了 16 首，叶绍钧入选了 15 首，郑振铎入选了 34 首。

朱自清入选的 19 首诗中，有《睡吧，小小的人》《小鸟》《煤》《小草》《北河沿的夜》，其余诸篇都选自他北大毕业后的作品，仅从北大毕业后，至 1921 年 6 月，朱自清就创作了新诗《秋》《不足之感》《纪游》《送韩伯画往俄国》《沪杭道中》《自白》《依恋》《冷淡》《心悸》《旅路》《人间》《湖上》《转眼》等十余首。朱自清所选的这些诗歌的风格，反映了文学研究会的宗旨，即"为人生"的基本特征。该诗集名为《雪朝》，出版于1922年6月，由商务印书馆出版。书前有郑振铎写的一篇短序，序中说："我们要求'真率'，有什么话便说什么话，不隐匿，也不虚冒。我们要求'质朴'，只是把我们心里所感到的坦白无饰地说出来，雕斫与粉饰不过是'虚伪'的遁逃所，与真率的残害者。"这句话确实代表了这本诗集的现实主义诗学观。

《雪朝》出版以后，一时洛阳纸贵，很快就印了第二版，郑振铎在再版说明中说："《雪朝》能于两月内再版，我们不得不感谢读者诸君的，现在趁这个再版的机会，我们把第一版里所能察觉到的错误都已改正过了。我们很想再加几篇东西，但因时间关系，只好留到如有第三版的机会时再说。"这样看来，这本书确实很抢手了。再版时，除改正一些错误外，几乎未有任何变动，基本保持了初版的原汁原味。

那么，《雪朝》这本书书名的出处在哪里呢？根据字面意义，不难理解，即下雪天的早晨。事实是，也是编者郑振铎在一个下雪天的早晨把诗集编好的。郑振铎精通旧学，熟读古代诗文，他一定知道唐朝诗人杨巨源的《春雪题兴善寺广宣上人竹院》一诗，诗曰："皎洁青莲客，焚香对雪朝。竹内催淅

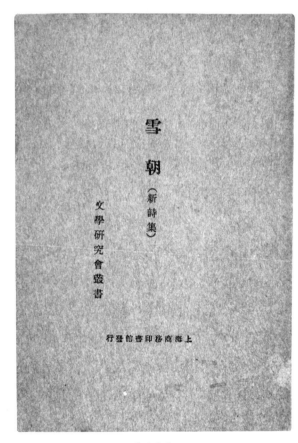

《雪朝》

沥，花雨让飘飘。触石和云积，萦池拂水消。只应将日月，颜色不相饶。"另一位唐代诗人李商隐的《梓州罢吟寄同舍》一诗曰："不拣花朝与雪朝，五年从事霍嫖姚。君缘接座交珠履，我为分行近翠翘。楚雨含情皆有托，漳滨卧病竟无憀。长吟远下燕台去，惟有衣香染未销。"关于这首诗，我国古典文学研究家叶葱奇注疏曰："顺说便是：'五年从事'幕府以来，不问'花朝'与雪后，彼此没有一天不和'珠履翠翘'的人相接近的。"《随园诗话》卷七引清代王梦楼《在西湖寄都中同年》诗曰："星河云海望迢迢，八度花朝与雪朝。"所以，"雪朝"一词具有非常高雅的美学元素。郑振铎便灵机一动，给这本集子命名为《雪朝》，恰到好处。可惜，这八个诗人的180余首诗中，没有一首同名诗，这不能不说是一个小小的遗憾。

附 录

闲话《我是扬州人》

朱自清在少年和青年时代，虽然居住在扬州城里，但却是在不断迁移中度过的。其间经历了从富裕之家到逐渐衰落的全过程。这一时期在扬州经历的诸多纷繁人事，给朱自清留下的印象并不都是美好的，也牵累到扬州这座城市，在名篇《我是扬州人》一文里，朱自清开宗明义，似乎要大声昭示天下，我"就是扬州人"，口气之肯定，毋庸置疑。但是，当反复多次地读过这篇文章之后，总觉得朱自清这样说，有些"负气"的意味，也有些"无奈"的意思。虽然这里是他"生于斯，死于斯，歌哭于斯"的地方，但他说的并非实情，"生于斯""死于斯"可能只是文学上的夸张，因为他并不是生于斯，也未必死于斯。生，他出生在海州，甚至他祖孙三代都出生在海州（灌南花园庄隶属海州）。而"歌哭于斯"，却是真的。这时候的扬州，毕竟时过境迁了，不是旧时那般繁华了，在《我是扬州人》里，朱自清说，"不用远说，李斗《扬州画舫录》里的扬州就够羡慕的。可是现在衰落了，经济上是一日千丈的衰落了，只看那些没精打采的盐商家就知道"。

历史上扬州曾是繁华之地，更是温柔富贵之乡，经济发达，生活富裕，达到了一个很高的高度，是许多达官贵人、文人骚客心驰神往的地方，从历代书写扬州的诗词歌赋中，就可见一斑。但扬州在过多的追捧、赞誉中，并未因此而养成博大、包容的文化胸襟，相反，却越来越走向褊狭与自闭，因循守旧的劣根性充斥在社会生活的多个方面。早在 20 世纪 30 年代，易君左就写过一本《闲话扬州》的书，因此而惹出了一段"扬州闲话"。我手头这本是黄山书社 1993 年的新版本，印制不算精美，一本薄薄的小书，保持了原书的风貌。

此书出版的时代背景，是在 20 世纪 30 年代初，南京是民国首都，江苏省会在镇江，易君左任江苏教育厅编审室主任。"一·二八"事变后，驻在镇江的省级机关开始人员疏散，易君左随教育厅的一部分人暂时过江，迁到扬州。易君左本身就是文人，出版过不少著作，对扬州古老的历史文化、清雅的人文景观，也早就有耳闻并多次畅游。易君左过江后，住在扬州南门街一带，因为闲时太多，便想利用这个机会搞点创作，写一本书，写什么呢？既然避居扬州，风情民俗又熟悉，就写扬州吧。他一方面阅读关于扬州的笔记、野史，搜罗历代地方史志，另一方面走访民间，继续熟悉民情风俗，还到处游览，写下了数量可观的日记、小品，以及散章、诗词。但他在扬州避居时间并不长，不久就回到了镇江，动笔写作。

易君左笔头不慢，经过数天的熬更打点，一本小书很快就告成了，并于 1934 年由上海中华书局出版。《书屋》杂志 2001 年第 11 期发表了吴锡平的文章《闲话〈闲话扬州〉》，文章说："客观地说，《闲话扬州》是一部风情游记，文史兼顾，笔调优美，但问题就出在该书的'扬州人的生活'一节。作者易君左在这一节里，因为说了些'全国的妓女好像是由扬州包办，实则扬州的娼妓也未见得比旁的地方高明'之类的闲话，激起了扬州人的公愤。以妇女界领袖郭坚忍为代表，扬州人组成声势浩大的'究易团'，声讨、抗议、告状，搅得易君左惶惶不可终日。直至最后，扬州妇女界将易君左告上镇江地方法庭。审判结果，当然是易君左威风扫地向扬州人道歉了。"

事实上，《闲话扬州》一书的影响，还不及"扬州闲话"案影响的九牛一毛。如果扬州人就此不理，怕是这本小书和易君左的其他作品一样，早被历史的潮流所淹没。但有了"扬州闲话"案，反而激起人们的好奇心，都想一睹该书的风采，并对那些让扬州人感冒的话题大加追究，想有更多的了解。而"扬州闲话"案背后的故事，更是让人对"扬州闲话"案留下了很深的负面印象——此事居然和扬州黑道有关。

　　话说当时在中华书局供职的有两个扬州人，看到写家乡的闲话，便随手翻看几页，这一翻不要紧，发现有些话挺不好听，可以说是对扬州人的不敬，两人一合计，有了主意，偷偷带出两本，故意送给扬州籍的帮会头子阮慕伯。这阮慕伯可不是凡人，出身盐枭，是青帮里一个响当当的大亨，长期住在上海，地位很高，据说仅次于黄金荣、杜月笙、张啸林，排第四的位置。阮氏的徒子徒孙很多，遍布上海，在扬州、镇江、南京等地也有众多徒子徒孙，是个一手遮天的风云人物，他行五，江湖上都尊称他为阮五太爷。阮氏看了《闲话扬州》后，也气不打一处来，决定要收拾这个姓易的。颇有心机的阮五太爷将书分别寄给扬州的两个重要人物，一个是和尚可端，另一个是妇女界的首领郭坚忍。因为《闲话扬州》里有可端与富婆私通的丑闻。阮氏在寄书的同时，又给可端和郭坚忍捎了口信："这件小事，由我来办吧！"上海大流氓一语双关的话，很快传到易君左耳朵里。易君左是聪明人，知道阮五太爷的厉害，顿时吓得心惊肉跳，连忙去找他上司、教育厅长周佛海。周佛海明白一点"道"上的话，说"这件小事由我来办"，就是"办掉"的意思，不由得也冒出一身冷汗。人命关天，不能不问，他决定出面斡旋。经周佛海的努力，此后又惊动上面的王柏龄和来头更大的陈果夫，双方明里暗里较量了几个回合，才算有了让双方满意的结果。

　　关于扬州的那些事，也不是易君左一本薄薄的《闲话扬州》所能概括的，身居扬州多年的朱自清，处在那样的环境当中，自然也明白民国时期扬州的现状了。朱自清在写给陶亢德的信中，谈到曹聚仁先生的《说扬州》一文时，说："现在的扬州，却不能再给我们那么美感。从前扬州是个大地方，现在盐务也不行了，简直就算个没落的小城。可是一般人还是忘其所以，他们耍气派，自以为是，几乎不知天多高，地多厚，这真是所谓'夜郎自大'了。扬州人有'扬虚子'的名字，这个'虚子'有两种意思，一是大惊小怪，一是以少报多；总而言之，不离乎虚张声势的毛病。"郁达夫在自己的散文中，也对扬州的人文环境和人文精神颇有微词。在《我是扬州人》中，朱自清还列举了许多在上海的扬州人，一到外地，便撇着"那点不三不四的上海话"，冒充上海人，"甚至连这一点都没有，也还自称为上海人"。似乎只有这样，才能显示自己的身份。旧时上海人嘴里的"江北佬"指的就是扬州人。后来即使演变成"苏北佬"，也还是泛指扬州一带。上海作家的一些文学作品中，也会不自觉地流露出那种"瞧不起"的意味来。王安忆有篇著名的小说，叫《发廊情话》，写一个理发店的小老板，开头是这样介绍这位"苏北佬"的："三十来岁的年纪，苏北人。也许，他未必是真正的苏北人，只是入了这行，自然就操一口苏北话了。这好像是这一行业的标志，代表了正宗传继。与口音相配的，还有白皙的皮肤，颜色很黑、发质很硬的头发，鬓角喜欢略长一些，修平了尖，带着乡下人的时髦，多少有点流气，但是让脸面的质朴给纠正了。脸相多是端正的，眉黑黑，眼睛亮亮，双脸为多，鼻梁比较直，脸就有架子。在男人中间，这类长相算是有点'艳'，其实还是乡气。他们在男人里面，也算得上饶舌，说话的内容很是女人气，加上抑扬缠绵夸张的扬州口音，就更像是个嘴碎的女人了。"理发只是一种行业，在上海人的心目中大致就是王安忆描写的这个样子，苏北人，扬州口音（苏北话的代表），乡气，女人气。王安忆未必承认对苏北人有什么偏见，但字里行间已经说明一切。在上海人的心目中，"苏北"或"江北"有时候是个大概念，是指整个江苏的。从行文上看，在朱自清生活的那个年代，上海的下层劳动者大多是苏北人。所以朱自清不避讳，直言道："我也是一个江北佬，一大堆扬州口音就是招牌。"

朱自清写《我是扬州人》，固然对扬州人也有"微词"，但也没少赞誉扬州。朱自清真正要表达的是故乡，是在寻找故乡。朱自清的故乡在哪里呢？他生在海州，按中国人的传统理念，衣胞埋在哪里，哪里就是故乡。但他很小就随父母到高邮的邵伯镇（后属江都），两年后又到扬州，"有些国语教科书里选得有我的文章，注解里或说我是浙江绍兴人，或说我是江苏江都人——就是扬州人。有人疑心江苏江都人是错了，特地老远的写信托人来问我。我说两个籍贯都不算错，但是若打官话，我得算浙江绍兴人。浙江绍兴是我的祖籍或原籍，我从进小学就填的这个籍贯；直到现在，在学校里服务快三十年了，还是报的这个籍贯。"(《我是扬州人》) 又说：我的祖父母"都葬在扬州，我家于是有祖茔在扬州了。后来亡妇也葬在这祖茔里。母亲在抗战前两年过去，父亲在胜利前四个月过去，遗憾的是我都不在扬州；他们也葬在那祖茔里。这中间叫我痛心的是死了第二个女儿！她性情好，爱读书，做事负责任，待朋友最好。已经成人了，不知什么病，一天半就完了！她也葬在祖茔里。我有九个孩子。除第二个女儿外，还有一个男孩不到一岁就死在扬州；其馀亡妻生的四个孩子都曾在扬州老家住过多少年。这个老家直到今天夏初才解散了，但是还留着一位老年的庶母在那里。"

这就是朱自清对扬州最真实的情感。

在朱自清大量的文学作品中，以扬州为背景的很多。这有点像汪曾祺。汪曾祺也是 19 岁离开家乡高邮，此后很长时间都没有再回老屋居住过，直到 20 世纪 80 年代初，才回老家省亲。但他的许多小说散文，都是写高邮的。所以，从心理上，朱自清虽然在寻找故乡，或许也不太情愿自己的故乡是扬州。但扬州留下了他童年的梦想和少年的记忆，还有埋葬先祖先父的坟地。所以，当 1946 年暑期结束后他还在重庆时，《人物杂志》约稿，才信笔写下了《我是扬州人》，文章说："俞平伯先生有一行诗，说'把故乡掉了'。其实他掉了故乡又找到了一个故乡；他诗文里提到苏州那一股亲热，是可羡慕的，苏州就算是他的故乡了。他在苏州度过他的童年，所以提起来一点一滴都亲亲热热的，童年的记忆最单纯最真切，影响最深最久；种种悲欢离合，回想起来最有意思。'青灯有味是儿时'，其实不止青灯，儿时的一切都是有味的。这样看，在那儿度过童年，就算那儿是故乡，大概差不多罢？这样看，就只有扬州可以算是我的故乡了。"从这段话里，更是不难看出，他对扬州这个故乡的勉强之情。

我小时候生长在农村，祖母教给我的第一首童谣里，就是对扬州的向往："小扁担，软抽抽，挑白米，下扬州。扬州看我好白米，我看扬州好大姊。"我们那里的方言，"米"和"姊"是押韵的。这童谣说唱了多少年，小时候不懂，后来渐大才知道，大米固然要卖个好价钱，扬州的"好大姊"也是要看的。

有意思的是，朱自清这篇《我是扬州人》一文中，还披露一个信息："我曾经写过一篇短文，指出扬州人这些毛病。后来要将这篇文收入散文集《你我》里，商务印书馆不肯，怕再闹出'闲话扬州'的案子。"朱自清所说的短文，就是写于 1934

年 10 月 14 日的《说扬州》，该文发表于本年 11 月 20 日的《人世间》第 16 期上。这篇文章，从正反两个方面记述了扬州给朱自清留下的好与坏的印象。

清华扬中校友会

清华大学扬中校友会成立于 1934 年 9 月间。

据朱自清学生李为扬在回忆文章《和朱自清先生过从的回忆》里的介绍，清华大学扬中校友会的成立经过颇有意思。

原来，过去的扬州中学毕业的学生，一直倾向于报考南方的高校，这次忽然涌向北方的大学，应归功于张澜庆，李为扬在文中说："当时许多人对清华一无所知，他就事先从别处了解清华情况，向同学介绍，动员他们去考。等榜发后，又动员他们去上。就拿我来说，因为幸运地同时又考取了南京中央大学，考虑到南京离家近，中央大学又是我比较熟悉的大学，我最初便决定读中央大学；而且在未注册前，因一个老同学的关系，先住进了中大学生宿舍。他竟热心地跑来劝我说：'你怎么不读清华，跑来读中大？'又向我详细地介绍说：'清华的校址，在北京清华园，听说还是咸丰皇帝当王子时的御花园。圆明园故址就在它隔壁，也归清华管。不但环境幽美，并且还有许多名教授，如冯友兰、潘光旦、郑桐荪、张申甫、朱自清、马约翰等等。郑桐荪就是曼殊大师的好友……这次扬中考取清华的人很多，声势浩大，我们今后仍然团聚在一块儿不好么？你何必一个人呆在中大呢？'他的热情改变了我的初衷；他的宣传更是起了推动的作用，我便毅然决然地把行李从中大学生宿舍搬出来，立刻乘上了北上的火车。"

李为扬在另一篇回忆文章《和朱自清先生交往的点滴回忆》中，写到了清华扬中校友会的成立经过："一天，江浙同乡会举行迎新大会于'同方部'，师生员工济济一堂。大家吃着糖果，喝着清茶，节目一个接一个的表演，俞平伯先生伉俪也清唱昆曲一折助兴，真是热闹非常。有人指着离我远远坐着的教授说，他就是朱自清先生。我油然产生敬仰之情。"李为扬还说，他是在 1930 年就听老师讲过朱自清的散文《背影》和《荷塘月色》的，当时老师只是说朱自清是个青年作家，还不知道他也是扬州人。到了清华园才知道原来他景仰的大作家和他是同乡，所以才产生了"敬仰之情"。李为扬接着写道："忽然，从扬中老生中间传来一个消息：扬中毕业生将成立'清华大学扬中校友会'，以前全清华只有扬中校友 6 人。原来江苏省立第五师范和江苏省立第八中学都是江苏省立扬州中学的前身，因此凡两校毕业生，都作为扬州中学的校友。朱自清和余冠英两位先生都是八中毕业生，也都成为扬中校友。1934年秋，'清华大学扬中校友会'开成立大会于清华园工字厅。计出席校友25人。"

清华大学的扬中校友为什么有这么多人呢？主要力量就是和李为扬一起考进清华的新生，居然多达17人，加上原来的校友6人和朱自清、余冠英，清华扬中校友会就一下子有了规模。在清华大学扬中校友会召开的成立大会上，通过了《扬中校友会会章》，并设立主席、文书、会计各一人，任期为一学年。选举结果是，胡光世任主席，吴征镒任文书，李为扬任会计。李为扬在《和朱自清先生过从的回忆》中写道："因为职务的关系，使我和朱自清先生从有接触到逐渐熟识起来，平常联系都是到图书馆后面的北院教职员宿舍去会他。"接下来，李为扬介绍了朱自清，称他"以语言洗炼、文笔秀丽著称"，是"蜚声文坛的名教授"。接着描写了朱自清的音容笑貌："他热爱家乡扬州。他有时向人自我介绍时，总是说：'我是扬州人，祖籍绍兴，家住扬州。'他中等身材，面庞清癯，无须。头发左偏分，戴圆边框的度数不太深的近视眼镜。平日着浅色西装时多，讲究整齐、笔挺，喜随时戴礼帽，给人以文质彬彬之感。行路步履轻快，精神抖擞。谈话保持浓重的扬州口首，偶尔夹杂着对某些词汇也整上一点'二八京腔'。发音轻细、清晰，不疾不徐。他没有一点名教授的架子，可以用'和蔼可亲、平易近人'八字来概括。"

当时朱自清37岁，又刚当清华大学中文系主任不久，正是年富力强、精力旺盛的时候。到了1935年，李为扬还请朱自清作了一首"级歌"，这在朱自清的创作中也是不多见的，李为扬介绍道："我们1934年秋入校的学生共三百人，是为清华第十级。1935年春，我当选第十级第二届级委会主席；级委会议授权我完成第十级级歌词谱的制定工作。这时扬中校友会已成立半年了，我和朱自清先生也相当熟悉了。我便到北院他家中商请他为我级级歌作词。他听了以后，满口答应，并向我说：'你最好先去北京音乐学院请李抱忧先生制一个歌谱，然后我根据他的歌谱来填词，就会更恰当些。'我便照他的话办了。接着朱先生就为我们级歌填好了词。当时人们都是先作词，后根据词来谱曲，而他却是先要有谱，再根据谱来填词。这不是他别开生面，而正说明他精通音律。我想这大概是保存宋人的遗风吧！"

当时正是"一二·九"学生运动爆发的前一年，东北三省和热河已沦于敌手，成立了伪满洲国；日、蒋刚刚签订了卖国的《塘沽协定》；日本帝国主义的魔爪开始伸向华北各地，金瓯残缺，版图变色。朱自清根据国内形势，写成了《清华大学第十级新生级歌》的歌词：

举步荆榛，极目烟尘，请君看此好河山。

薄冰深渊，持危扶颠，吾侪相勉为其难。

同学少年，同学少年，一往气无前。

极深研几，赏奇析疑，毋忘弼时仔肩。

殊途同归，矢志莫违，吾侪所贵者同心。

切莫逡巡，切莫浮沉，岁月不待人。

　　李为扬他们非常满意朱自清这首激昂雄壮的歌词，认为配合着李抱忱先生的沉着有力的 A 调歌谱，"真是珠联璧合。从此嘹亮的歌声永远回荡在我们十级三百同学中间。它向我们提出了时代的要求，叩击着每个青年学子的心弦。直到今天，虽经历了半个世纪，每当我偶一引吭高歌时，朱自清先生崇高的光辉形象就显现在眼前"。

　　可能是因为参加了清华大学扬中校友会的缘故吧，也或是看到了《人间世》杂志上曹聚仁所说的《闲话扬州》一文，朱自清在 1934 年 10 月 14 日，写了篇散文《说扬州》，朱自清在文中说："自己从七岁到扬州，一住十三年，才出来念书。家里是客籍，父亲又是在外省当差事的时候多，所以与当地贤豪长者并无来往。他们的雅事，如访胜、吟诗、赌酒、书画名家，烹调佳味，我那时全没有份，也全不在行。因此虽住了那么多年，并不能做扬州通，是很遗憾的。记得的只是光复的时候，父亲正病着，让一个高等流氓凭了军政府的名字，敲了一竹杠；还有，在中学的几年里，眼见所谓'甩子团'横行无忌。'甩子'是扬州方言，有时候指那些'怯'的人，有时候指那些满不在乎的人。'甩子团'不用说是后一类；他们多数是绅宦家子弟，仗着家里或者'帮'里的势力，在各公共场所闹标劲，如看戏不买票，起哄等等，也有包揽词讼，调戏妇女的。更可怪的，大乡绅的仆人可以指挥警察区区长，可以大模大样招摇过市——这都是民国五六年的事，并非前清君主专制时代。自己当时血气方刚，看了一肚子气；可是人微言轻，也只好让那口气憋着罢了。"这一段说得太直白了，几乎是在说扬州的不好，但笔锋一转，开始夸起扬州来："扬州是吃得好的地方。这个保你没错儿。北平寻常提到江苏菜，总想着是甜甜的腻腻的。现在有了淮扬菜，才知道江苏菜也有不甜的；但还以为油重，和山东菜的清淡不同。其实真正油重的是镇江菜，上桌子常教你腻得无可奈何。扬州菜若是让盐商家的厨子做起来，虽不到山东菜的清淡，却也滋润，利落，决不腻嘴腻舌。不但味道鲜美，颜色也清丽悦目。扬州又以面馆著名。好在汤味醇美，是所谓白汤，由种种出汤的东西如鸡鸭鱼肉等熬成，好在它的厚，和啖熊掌一般。也有清汤，就是一味鸡汤，倒并不出奇。内行的人吃面要'大煮'；普通将面挑在碗里，浇上汤，'大煮'是将面在汤里煮一会，更能入味些。"不过朱自清说山东菜清淡，我是不以为然的。山东我去过太多次了，实在不能用清淡形容。

不过对于扬州茶馆的描述，我还是赞赏的："扬州最著名的是茶馆；早上去下午去都是满满的。吃的花样最多。坐定了沏上茶，便有卖零碎的来兜揽，手臂上挽着一个黯淡的柳条筐，筐子里摆满了一些小蒲包分放着瓜子花生炒盐豆之类。又有炒白果的，在担子上铁锅爆着白果，一片铲子的声音。得先告诉他，才给你炒。炒得壳子爆了，露出黄亮的仁儿，铲在铁丝罩里送过来，又热又香。还有卖五香牛肉的，让他抓一些，摊在干荷叶上；叫茶房拿点好麻酱油来，拌上慢慢地吃，也可向卖零碎的买些白酒——扬州普通都喝白酒——喝着。这才叫茶房烫干丝。北平现在吃干丝，都是所谓煮干丝；那是很浓的，当菜很好，当点心却未必合式。烫干丝先将一大块方的白豆腐干飞快地切成薄片，再切为细丝，放在小碗里，用开水一浇，干丝便熟了；算去了水，搏成圆锥似的，再倒上麻酱油，搁一撮虾米和干笋丝在尖儿，就成。说时迟，那时快，刚瞧着在切豆腐干，一眨眼已端来了。烫干丝就是清得好，不妨碍你吃别的。接着该要小笼点心。北平淮扬馆子出卖的汤包，诚哉是好，在扬州却少见；那实在是淮阴的名产，扬州不该掠美。扬州的小笼点心，肉馅儿的，蟹肉馅儿的，笋肉馅儿的且不用说，最可口的是菜包子菜烧卖，还有干菜包子。菜选那最嫩的，剁成泥，加一点儿糖一点儿油，蒸得白生生的，热腾腾的，到口轻松地化去，留下一丝儿余味。干菜也是切碎，也是加一点儿糖和油，燥湿恰到好处；细细地咬嚼，可以嚼出一点橄榄般的回味来。这么着每样吃点儿也并不太多。要是有饭局，还尽可以从容地去。但是要老资格的茶客才能这样有分寸；偶尔上一回茶馆的本地人外地人，却总忍不住狼吞虎咽，到了儿捧着肚子走出。"这一段关于扬州小吃的描写，真是风生水起，过目难忘。

总之，不论是清华大学扬中校友会的成立给了他启发，还是曹聚仁夸赞的美文《闲话扬州》给他的启发，抑或是易君左《闲话扬州》的官司的余音，总之，朱自清这篇关于扬州的文章，却是读了让人感到痛快的一篇散文。

心理学的范围

（朱自清 译）

Mc Dougall 作

心理学是积极的行为科学

精确解释任一种自然科学的范围，绝不是一件容易的事。我们把各种科学所研究的自然对象之种类指出，就算给了他们一个简单的定义；并且这种定义也多半是充足的，譬如说：地质学是地层的科学。但是这样界说不算确尽。地质学是要侵到别的许多科学里的，在他拿矿物的构成当地层一部研究的时候，他便侵到矿物学里；在他研究化石里动植物的时候，他便侵到生物学里；在他讨论地层初次构成的情状的时候，他又侵到天文学或是创世学（Cosmogony）里去了。

有几种科学的范围划出已是难了，到了那些论生物的，格外是难上加难。满足和精确的界说，只在完全知识的光线里才能有的。现在我们对于生物的知识很不完备。我们已经见到，在我们知识生长的时候，生命的科学必定有新分部创造出来，而我们对于各科间关系的概念必定要经大大的变化。照这样，只取暂时的态度，来决定我们各种科学的范围，并且参考着他们的发展情形、研究方法和实际需要，比专论和他们相关的各类对象，想借此给他们定出终极而严格的界说的，要聪明的多了。更进一步，我们解释一种科学的范围所用的名词，应该是极力和理论的或玄想的含义脱离的，并且是单指习知的对象，公认的殊异和详察的事实的。

若是我们在这些议论的光线里，考察一向很通行的心理学的界说，我们就要看出他们是不能叫人满意的。心理学Psychology 这个词是从希腊的灵魂和科学两个字转合而成 [①]，是要拿他标出灵魂的研究，作为科学的一个特别分部的。但灵魂是什么？用这个方法来标示心理学的范围，是承认那从远古流传下来，至今还通行很广的人性构成的理论，那理论是，每个人的人格是由两个很不相似的部分或原则组织成的，这两个东

---

① 译者按：psycho 有"灵魂"的意思。logy 有"科学"的意思。

西就是灵魂和身体。从前以为灵魂能够和物质的身体分离，而在和他暂时联合的时候，借给他一切那些"生物拿了和无生物区别的"特性。在最早的时代，一般人总想着灵魂这个东西是由一种很薄或很细的物质所成，他和空气的关系，就同空气和固体一样。他们又玄想这种精细的流动体或精神满布在身体各部分；并且虽然这样伸展到全身体，他还是一个分明的实在，能够离开身体存在。在身体死后，他继续存在，并可显现出来，算是身体的副本，朦朦胧胧的好像水蒸气一般；这种或叫做鬼。就是生活的期间，这鬼灵魂 Ghost-Soul 在睡觉或失魂的时候，也许退出一些时，并且在别处显现呢。

古希腊伟大的哲学家柏拉图（Plato）不承认这种灵魂的概念——把灵魂当作像水蒸气一般的身体的副本的。他以为灵魂是一个实体，本性和物质的东西根本不同，不能从感觉知道，只能拿智慧了解。柏拉图的最大继承人是亚里士多德（Aristotle），他著了一部有名的《灵魂论》（On the Soul），这部书在一般论起来，要算专论心理学的第一部重要著作了。他反对旧传的灵魂概念，以为宁可把他当作生活作用的总和：他的注意向着那些"生活的实体拿了和无自动力的东西区别的"特性；说一样东西有一个灵魂，在他看起来，和说这东西显示这些特性的几种或全部一样，不过说的简便些罢了。至于问到这些作用是否属于一个实体或实在，他承认他自己还没达到一定的意见；所谓实体或实在，便是在身体蜕化之后，无论如何，可以继续存在的。

经过了中世纪，哲学家继续争辩灵魂的本性和他的作用。最普通的灵魂观，是把亚里士多德的教训合着柏拉图的灵魂概念，说灵魂是非物质的实体，离开身体，以及在身体死后，可以继续运行他的作用的。这种见解盛行，自然的结果便是大家都倾向着去把注意力集中在灵魂的高等或纯粹的智慧作用上面，便不问那些身体作用的重要了，这些身体作用，亚里士多德以为是灵魂生命表现的一个很重要的部分，因为他们包含着灵魂和身体的联络的缘故。十七世纪里，这个倾向在近世哲学的始祖笛卡儿（Descartes）的学说之中，达到他的顶点了。他勇敢的断言，人和动物的身体同别的物质的东西毫无不同，但不过是些复杂的机械，他们的工作，可以拿机械的原则来解释，所谓机械的原则，便是那叫我们能了解别的机械的历程的。他说，独独的一切生物中的人有一个灵魂，并且这个灵魂仅仅运行思想和决意等高等心理作用。

把严格的机械的自然观作为一定的公式，这件事引着笛卡儿到这个地位；而自然科学快快的进步，叫人信仰这个机械观之十分满足的心伸张，不久他们就问——若是动物不过是复杂的机械，何以不应把人看做格外复杂的机械呢？他们问，灵魂是什么？他们并答道，——这全然是虚构的概念，是从迷信发生出来，长老们保持着他，想借此伸张他们的势力，维系教会的权威的。笛卡儿勇敢的思辨便由此变成十七八世纪很通行的独断唯物论了。哲学家被这样逼着去给灵魂的概念预备科学的基础，他们觉着自己到了很大的困难里面。有些人如洛克（Lacke）回到默示的宗教 Revealed religion，当他是灵魂信仰唯一的真确根据。僧正巴克来（Berkeley）精细的驳人对于物质实在的信仰，以攻击唯物论。但是那时一个最有势力的著作家，苏格兰怀疑派的巨子，叫做休谟（Hume）的，堂堂的议论灵魂的存在不过是一种传说，这个传说，大家以前不加批评，便承认了，灵魂存在的论证一向不曾成就，以后也不能成就的。

这样，一直到十八世纪的终局，哲学所论证的，似乎不是唯物论，就是通行的怀疑论，只有这两种了。在这个时候，康德（Kant）出来，他想出一个新法子避掉这个两中式①。他说，我们知觉物质东西的时候，只能知道他们的现象，我们物质世界的概念之本性，大部分是从我们心的本性决定的。那么，我们所谓自然的世界或物质的世界，不过是些实在对于我们的现象，因为这些现象的本性大部分是由我们自己心的构成决定的，至于实在的真性的观念，我们不能有——就是我们所信为我们发明的物质自然界的律，如因果律，机械工作律，也只好

---

① 译者注：Dillema 是一种论证法，叫人不归于此，必归于彼，两个结果都不幸的。

算表现我们心的本性的，不能算表现那不可知实在的本性的；这实在现于我们便是物质世界。他更进一步说，我们的心也不是我们直接观察所可得，我们只有对于心的现象的直接知识罢了。虽然这样，他又持一论说，我们虽不能用科学的方法确定灵魂的存在或描写灵魂的本性，但我们道德性的思虑可以证明我们信仰他的存在，当他是一个不朽的超感觉的实体，是不错的。后来思想家大部分承认康德"物质世界之现象性质"的论证；但他们觉着他维持灵魂信仰的议论全然不足信；随后对于确定灵魂的存在和解释他的本性的种种努力，是不认为有成效的了。

这个很不完备的灵魂思想史的概略，可以显明为什么现在把心理学当作灵魂的科学解释是不可能；因为这概略显明灵魂的概念是一个玄想的假定，拿了做自然科学大范围的界说里主要概念，未免太不分明不确定了。论到灵魂的地位是这样，所以近来许多著作家宁可把心理学当"心的科学"解释。但这也不能叫人满意。第一层，且不说哲学里别的分部，就是论理学也必得算是一种心的科学，但是论理学便和心理学不同，并且有点离开他独立；这样，这种界说不能标明心理学的范围了。第二层，是用极难解释的东西来述这个界说。因为谁能的的确确告诉我们心是什么呢？我们发了这个疑问，立刻就要引起几种最深奥最多争议的哲学问题来了。

近来有几位著作家，看着这些异论，提议改良这种界说，说心理学是"意识的科学"；因为我们每人对于意识，有亲切的、直接的、积极的知识。但对于这个提议，有两种很重要的驳论。

第一，我们每人只对于我们自己的意识，有亲切的知识；别人的意识只可从他们的行为推知，援我们自己意识的例想像罢了。然而心理学确定的目的是要达到一种终局，必然于普通人类有利的。我们转到别的动物，这个驳论格外显得有势。

第二，在我们研究意识的时候，我们实觉把任何一个人的意识完全描写出来，或是用普通的名词说，就使把一般人的意识描写出来，还是不能组成一种科学，不能的的确确组成一种心理学所希望成的科学。因为这样的描写不能叫我们明白为什么任何一种单独的意识有了所描写的形状，而且就描写自身而论，对于我们制御自然界进行的权力，也没有增加的地方。

有些把心理学解释作意识的科学的，以为这样也就够了，因为他们总执着某种人性的理论的缘故。他们赞成笛卡儿把身体当作仅仅是一种复杂的机械，把他的一切历程当作已经是机械的决定了的；那么，无论人或动物的行为的每一个细目，按原理说，总可以用身体的机械组织来说明，总是落到生理学的范围里的；生理学呢，又不过自然科学里一个特别分部罢了。近世代表这种见解的不跟着笛卡儿把思想当作给生气于机械的灵魂之表现，他们宁可说，意识不过如机械某几部分工作所发的磷光似的，或说它是机械的某种历程，是我们可以由比较感觉的间接途径格外直接些接近些的途径知道的。

现在若是这个见解确定了，尽可以把心理学的职务当作意识的描写解释；虽然这种职务不过是一种很不重要的事，不配有科学的名字，也还不妨。无如这对于生活实体之本性的见解是一种价值很可疑的玄想；我们曾经赞成，力求只用包含很习知而无可疑的事实的名词来解释我们的科学，不用那些包含着理论的。

那么，我们问——有些什么事实是心理学家所确切观察和研究而不全然落到别种科学的范围里的呢？答案必定是两层，就是他自己的意识和一般人与动物的行为。心理学的目的是增加我们对于人和动物行为的了解力，和指导制御的权力，他用他所能得的意识的知识，来帮助他成就这样一个了解行为的功夫。

那么，我们可以把心理学解释作"生物行为的积极科学"。承认这个界说，是回到亚里士多德的观察点，从公认的事实出发，没有理论的偏见。我们都承认做成我们知觉对象之世界的东西归为两大类——就是无自动力的，它们的运动和变化似乎都被按着机械律严格决定了，还有生活的，它们施展或显示行为；当我们说它们显示行为的时候，我们的意思是说，它们似乎有一种本质里的权力，可以自决，和活动的或努力的探求它们自己的福利和目的。

那么，目的的表现或达到目的的奋力是行为的标志，行为是生物的特质。这个生活的标准是我们都要用的；但我们里面有许多人不曾对于它加以反想，我们不妨评论一番，总有利益的。从口袋里拿出一枚弹子，放在桌上。它待着不动，若是没有力量用在它上面，没有工作做到它上面，它要一直的这样待着，到无限长的时候。把它向任一方打，它就向着那方不住的运动，一直等到它的动量用完，或是它受了桌毡的抵抗，转到一条新路上去为止，这条新路是机械的决定了的。这是机械运动的式样。现在举一个行为的例子，和这个相反。拿一个懦怯的动物，像一个小老鼠，把它从它的巢穴里拖出来，放在一块草地上。不待着不动了，它跑回它的洞里；赶它向着别的方向，你才把手缩回来，它又转身向着它的洞了，放一个障碍物在它的路上，它总不住的想法用诡计去掉它，或征服它，一直等到它达到了它的目的，或它的能力尽了为止。

那是中等复杂规模的区域里行为的一条例；拿它细想，便可很清楚的显出行为和机械的历程的大不同了。再想一个复杂规模较高的例，有一只狗，被人从它家里拖出来，关在远远的所在。在那里，无论怎样善待它，它常是不安静，想逃，或者拒绝食物，渐渐瘠瘦；一经释放，它便向家出发，横越过乡村，跑许多里不停，一直等它到了才止；若乡村是它熟悉的，它或者照着一直的路走，不然，就要东奔西撞的一大阵，才能到家呢。

再从行为规模的较上端想一个例，一个爱本乡的人为赚他每天的面包起见，在远处村子里谋了一个位置。他在那里勤勤恳恳的履行他所承办的职务；但他主要的目的，常是想省许多钱够叫他回到本乡立起一个家来；这是他一切行为的原始动机，其余别的动机都是附属于他的。若是离乡的人告诉我们说，他常常自己想像他所爱的本乡和他所希望在那里得着的快乐，我们格外能明白上一个行为了。因为我们深晓得预期一件事情，和急切的愿望他是什么。就使这个离乡的人不过是一个心地笨拙的乡下人，他似乎纯粹被思乡病感动了，但不能用语言表示出来，或辨明他，他不能明明白白地预说他回去的快乐，我们还是觉着我们总有几分懂得他的境况和行为。对于在前例里的狗，以及我们第一例的动物，我们也觉着这个，不过在第一例里，程度低些罢了。因为我们也曾经验过一种含糊而无形的不安，是一种不绝向着目的奋力的冲动，所谓目的，我们既不能清清楚楚的立为公式，又不能用理性去辨明他；我们也曾经验过，怎样的把这般活动遏抑反使我们冲动加强，怎样的快达到目的的时候，我们就觉得一种虽含糊而实深切的满意，只有目的达到之后，才能解除我们内面的不安。

那么，这些是无可争议的行为事例了。只在用我们自己的奋力之经验类推之后，才能了解和说明他们。想用机械的方法，说明这样事实的，在现在没有一点像可信，也不能在任何程度，帮助我们了解或制御他们了。这同样的道理在更简单的行为形式里，也还是真的或者较不明显些罢了。让我们在复杂规模低降的顺序里，找几个例，讨论一番。

候鸟春天来到，在小树林里安顿了住处，与它的伙伴配合了，造巢，产卵，坐在上面，默然不动的多少天，小的孵出来了。然后它不绝的活动，养护它们，一点钟一点钟，一分钟一分钟的喂它们，等到它们能独立了才罢。日月推移，它大功成就，又向着南方，用不倦的两翅，飞越广漠的海陆，回到它冬天的家里，一直在那里待着，第二个春天，它又回来了，再飞几千里几万里，才到了那旧栖的，围着田的一行灌木里，这种成行灌木在我们英格兰各县里，正是无千带万，这不过是一个罢咧，它既到那里，就把它活动的循环重新开始起来。那又是一个没有错儿的行为循环了。在每一期里，鸟的动作详细的地方可以有无穷的变化，但它们常是被同一个目的循环所主宰，在这个循环里，它生活的大目的继续的表现自己——按着他种族的特别式样和种类，叫它们的生活永远不绝。若是在任一期里，它的活动受了障碍，它就加倍努力，毁了它的巢，它另造一个；拿去它一个或几个卵，它另外产几个来补充它们，打它的幼雏，它用全副微弱的力量来抵抗你；到了它要飞到亚非利加的时候，把它关起，它用不停的和变化的运动向着拘禁它的障碍物冲撞，直等它逃了，或是力用完了为止；拿开它的伙伴，——伙伴是它一个不可少的共同工作的人——它便颠颠起来，甚至于死。虽然我们有很好的理由可以相信鸟在每一步时，所能先见的不能比那一步的直接效力或目的再多，但是它能先见它各样活动的目的到怎样远，我们可不能说。然而我们不能因此不信这样连续的活动，本性和我们自己目的的活动联的较密，和无机自然界的继续便不联的这样密了，也不能不信它们是正该被看作行为的。

在生活规模低级里想一个例，鲑鱼到了相当的季候，在大海里达到一定的发展阶段，它便钻进河口，溯流而上，把卵产在远处支水的河床上。上溯一个疾流的河，一路有许多急湍和瀑布，须要几个星期不住的变化的努力才行，在这个期间，鱼是得不着食，只有消耗他筋肉物质里潜蓄的能力罢了。这也是一个行为的显例，行为这个东西，我们要了解它，不问了解的程度如何，总得在我们自己行为的类推的光线里才可以，它和无机自然界的现象是全不相同的。

在无脊椎生活的大世界里，行为，或维持种族生活之目的的努力也很普遍，处处和我们遇着。一个黄蜂一天到晚勤勤恳恳的猎它的食物，或者它得着了一条肥胖的毛虫，比它重得多，它费许多力拖着这虫过了无千带万的障碍，才到它预先备好的它，在那里，它把虫和它的卵一齐封好，让虫可以给它后人当食物用，但是这种后人，它是绝不能见的了。蚯蚓从它的穴里上来，在地上找着了一片树叶，检察它的四周，擒着它的尖儿，或取随便什么态度和位置，只要最容易把它弄进洞来的便好，然后便把它拖了下去。就是其余式样比较简单的虫，也显出行为的特别标志来；便是在不变的外境下面，用种种的方法去达到目的，第一个运动不行，便第二个，第三个，一直下去。海燕翻过身来，把背向下躺着，用它的臂不住的变化的努力去在地下掘条小沟，掘成了，又用各部分联合的动作，把身子正过来。就是在最低的动物里，——在单细胞和用显微镜才能见的原生动物里，行为还是一个定则。变形虫 Amoeba 仅仅乎是一个极小而无定形的胶质点，从它所爬的沉没的实物面上离开的时候，向各方放出长的触须，直到其中有一个和实体接触了为止；这个动物的全体，便自己附着到这实体上面去，以便再干它那常式的运动。和它自己同种的小虫接触，它就竭力的来捕获它，再三的努力，把它吞了，作它自己的营养。滑动的极微动物到处乱钻，去找食物，它们追赶别的和更小的动物，是常可以见着的。

现在让我们转而考察一类略微不同的事实，这些事实便是我们不能当它们像行为一样的那些现象。每个动物种族第一要务是产卵，以及在相当情形的下面，把它们放在世界之中，并要给它们相当的保护，总要如它们为它们发展成为种族的健全代表所需要的。差不多动物的全部行为不是直接就是间接的专为完成这个事业而有的，其实也不过生殖循环的第一步；所谓生殖循环，便是种族永存所依赖的了。成就这种循环，便靠着卵。这种完成所由以有效的那些连贯的变化，大概在一切情形里，总是一个异常复杂，异常精妙的事体。我们的那些机械，如织成衣服的，印刷报纸的，他们最奇异的历程，和这样连贯的变化比起来，还是比较的粗疏，并且可笑的简单呢。但是，他们虽较机械的历程格外非常的精妙和复杂，却还有个更为根本的不同之点就是，正同动物捕食和回窝的活动一样，这些发展的历程也是不断的向着一个对于种族自然或适当的目的走，渡过种种困难，又用各样的法子，去适应环境的特性和变化，并且就是失了正轨，或受了扰乱之后，也能矫正过来，或回到他们常道上去。

近年来这些现象经过了精密的研究；我们在这个范围里的知识，虽然还在他的最初级，但是我们知道许多种族的胚胎或发展的幼芽，不问是怎样的被毁伤了，或被剖分为半，或全形被损，他总能恢复他各部平常的比例，和发展的常道，这样，他可以达到他的特别目的，完成活动的循环，在这个循环之中，只有一部分是由他父母的努力作成的。从这些很重要的方面看起来，造成身体的历程和模范的行为历程，如鸟的造窝，蜂的筑巢等，都极相类似的。有同样不绝的倾向向着特别的形式，可以胜过障碍物，对于非常的情形可以适应，全体被机械力干涉或弄得失形之后，可以恢复诸事的常道。在两类历程之中，就是经了极端的干涉也可以把已成就的诸级分解了，破弃了，由最初级重新出发，来矫正他；鸟重造它们的窝，蜂重筑它们的巢，都从基础来起，直到上面，被毁伤的幼芽，自己分解成为无定形的一块，在这一块里面，逐渐组织成各种特别机关的历程又重新起来，这样的再行建立照常的循环，达到照常的目的。

那么，这些动物身体生长的历程是和真正目的的活动或行为极其类似了，他们有许多特色，在无机的自然界里，——就是在纯粹机械的因果相生的区域里，——找不出和他们类似的来。这样生长的历程里，包含着许多可以用理化名词描写的细目，自是真的。而这同样的理对于一切行为，也是真的，人类理解最清，愿望最强的目的，只有靠着许多详备的机械式历程的助力，才能达到。这两类历程的特性，就是向着一种特别的目的或目标，用有效的方法操纵种种机械的原素之现象。

若我们把目的的活动或行为的概念放宽，叫他可以包括动物界身体组织的现象，他一定也可以包括类似的植物生长历程的。对于这样包括，有许多的好理由。生物学家一致以为一切的动物植物是从同类的原生有机体进化来的，那些有机体，既不是动物，又不是植物，或者反过来，又是动物，又是植物。大多数植物没有移动的权力，或自发的运动它们各部的权力很微，或者没有。然而凡是植物机体有这样权力的所在，它们的运动便显出行为特别的标志来；例如许多种的花粉管，以及有些自由在水里浮沉的植物。但是从大部分说，植物生活式并没自发运动的需要，它们唯一显示行为的机会是它们生长的历程，在这些历程里，它们那可惊的自己指挥的权力甚至超过动物呢。从有些植物任一部里取一极小片，小到几乎要用显微镜才可见的，它还能生出全部植物，有它一切的特性。大多数植物有这种生殖的力量，程度很高。把落叶松的幼木主要芽条割下，那最高枝就要慢慢的从它的水平位置向上转，总要等到它和树干接成一线，并且由它下部直径的飞速增加，恢复了这树干很平滑的由粗至细的形状才止。从柳枝上截下一小段，放在潮湿的空气里，无论所取的是枝的哪一部，和放它们在什么位置，叶芽总从它原来较上的一端往上长，支根总从它原来的较低的或接近的一端往下长。在这些例乃至无限的例之中，这恢复特别形状和组织的历程里有许多细目，植物家可以用理化名词来描写，但是对于历程的全体，他极端的努力想用机械方法去解释，却完全给抗拒了，我们不能不承认这种是同人和高等动物的目的活动类似的，那目的活动便是行为的式样。

现在让我们拿我们的心理学概念当作行为科学的，和他的最普通的界说当作心的科学的比较比较。前面已经指出"心"自己是一个意义极其含糊的字，除了用些可疑的玄想的假定，是不能把他解释明白的。没有一个人能指着一个心说——那是我所谓"心"那个字所应指示的。若是提议用意识去解释心，我们不能得着较好的情形，只有比前更坏罢了。对于我们每人，除了自己不算，别个有机体的意识总是推论；别的有机体越和自己不像，这种推论越是玄想的，不确定的。更进一层，有许多的证据证出我们每人的行为表现出许多活动，他们的性质和我们意识的活动相类似，但是我们对于他还没有能意识呢。那么，若是用意识去释心，不能使我们满足，只有用行为解释来替代他。况且在我们考究之始，把那含糊思得的实在——心——引了进来，又放他在我们所要研究的事实和我们对于他们的反想中间，就什么也不能得着了。从别一面说，行为的概念可用一种不含玄想的推论或假定的方法来解释，这个方法，便是我们在前面曾经试用来解释他的，就是指着通于一切人之直接观察的事实，说——这个和这个是我们所谓行为。这样的指着事例，是解释任一个抽象概念唯一的满意方法，严格的说，又是唯一正当的方法。

那么，心理学对于生理学有或应有什么关系呢？生理学普通解释为生命的科学或生物身体机能的科学。但生命是什么，生物又是什么？我们若不取一种任意玄想的态度来解释生命，当他是某一种入于生物身体而不可知觉的实在，一定说他是生物特有历程的总和。我们借着观察他们才知道物是活的的历程正是我们所总称为行为的那些，他们都显出永续的指挥自己向着维持个体或种族之永存的特别目的走的现象。那么心理学的范围照我们的界说论，是和生理学的范围同时并存的了。这层可以举出，当作对于我们的心理学的界说的一种驳论；因为普通总把生理学当作一种独立的科学，有他自己的纲领，方法和历史。在近代里，平常总照笛卡儿所说的途径去想生理学的职务，就是当他是给一切生活的有机体之历程造出纯机械的说明的。承认这个生理学的概念，是把科学的基础立在一种阔大的假定上，这假定就是一切生活的有机体之历程是能用机械的方法说明的。这是一个任意的假定，在事实里找不着出处。因为有机的作用可以用纯粹机械的名词说明的，现在一种还不曾发见；就是对于这样比较简单的历程，像泪的分泌和一滴汗的渗出，我们用许多方法，想用理化的科学去完全说明他们，但一直还没成功。这个假定，不但全没有一个例证明他是正当，而且引着那些造他的人到一个论理上不能维持的地位。因为在生理学家组成了他所想像的身体上机械组织的计划时，他看出他已经把人类意识的事实丢开，当他是难约的不尽根数了，就是说，他勇敢的断言，意识的事实是不能用他的方法说明的，他当他们是机械工作的神秘副产品，所谓机械工作，便是他所信以为构成有机体的生命的；他只对于这种工作有兴味；而把那些意识的事实交给心理学家，完全让他去做描写他们的事。

照这样的解释生理学和心理学的范围，那不合科学的地方正和把心理学当灵魂的科学解释一般。在这两种情形里，他们总想靠着玄想的假定之助力，把范围标示出来，这些假定，虽然也会成真，但只能由未可知的科学之大进步才能显出他们是这样呢。然而现在或未来的长时期所探求的生理学和心理学，不能认为同一总是真的。我们可以说，生理学和心理学的关系就是，生理学是考究组成任一个有机体的各部分之历程的，心理学是考究全部有机体的活动的，就是考究有机体全部在里面动作的活动的。

这样，我们把现在只能归于思辨的臆说的根本疑问让给后世更广的智识去决定，不把这些臆说做我们科学的基础。因为把心理学当作行为的科学解释，我们对于机械原则适于说明有机体的活动一事，无所可否；我们不擅定一种假设的实在或力，既不取生命，也不取心，也不取灵魂。我们只从那无非难的事实出发，便是，物质所显的变化似乎有两种不同的式样，一种是纯机械式，诸天体的运动是他的最宏大最清楚的例，他种是目的的动作或行为式，是我们每人由反想自己的努力、冲动、欲望、失意等，所能习知的。在若干年后，也许科学能证实现在以信仰作用得多数承认的假定确是一个真理，这所谓假定就是说，一切似目的的动作可以机械的说明。若是那时到了，心理学要给生理学吸收，生理学又要给物理学吸收了。从别一方面说，我们也许在无机世界里发见许多行为的征候，为我们至今所没有晓得的。还有一层，也许像一位大思想家近来所说，我们对于机械的历程和目的的活动两种概念都是假的抽象，不适于描写真有 Real Happenings，都应该给几种真些的概念排挤掉的。最后一层，有一件事，也许证明可然，就是显出心的区域不是和生命的区域同时并存的，又在行为或似目的的活动之范围里。我们必须分清，一种是较高式，含着意识的智慧，本质上和我们自己的类似，但是效力的程度各各不同；一种是较低式，那个虽也不能用机械的方法解释，也类似目的的活动，但不含着意识的指挥，所以不是真有目的的。

但是不问将来有甚么样决定，有些事似乎很清楚，就是现在的时候，我们总不能超过这两式变化间的殊异以外，在这种殊异自己迫着我们的地方，便明白领会他，在他还是暗昧可疑的地方，便小心的确定他，都于科学大有用处。那么，生理学可以很有利益的继续着从下面走近生物，从下面就是，从理化学的方面，并用他的方法，——并可伸张对于他们身体之机械说明的界限，到了极端。但是心理学一定继续着从上面走近生物，——把我们从研究我们自己所得的行为了解力用到他们——使我们了解一切生物行为的力量加增。

那么，把心理学当作"积极的行为科学"的界说，似乎是优于别个了，因为他丢开现在我们所不能解决之确定的基础的问题之结局，不让偏见参入，好候着将来的决定，又因为他不用难解释和生问题的概念，如心或灵魂或意识之类，而单用观察所得的习知事实。这个界说又有两种重要的利益。第一，他特别注重一条真理，就是我们在心理学里所要论的观察的事实，常常是些历程或活动，决不是一成不变的东西。第二，他给我们预备，让我们试从一个途径去了解这些活动，这个途径和我们志在了解自然的或机械的历程所由的途径很不同的；他在开端的时候，明白的说，我们一定要用活动的目的来说明，来了解，决不能单靠着在先的事实的。采取这个态度，是学心理学的一件主要困难，若他曾受过自然科学的训练，更是这样。因为我们的智力和言语——智力的要具——最初的时候，主要的目的是要适于使我们能评定空间里实物运动的价值，并且制御他们，或用别的说法，是要适于讨论自然界的机械历程的；所以我们多数人在讨论纯机械的历程的时候，智力上觉着很为熟悉，又用机械组织叙述的说明比用目的解说的格外可以使我们充分满意。然而在两种情形里，我们对于任一具体事实之说明，只能把他当作我们已经习知的一类事实之中的一个特例显示出来，此外决不能有什么了。

1919 年 11 月 13 日，《新潮》第 2 卷第 3 号。

主要参考书目

朱乔森编:《朱自清全集》,江苏教育出版社 1988 年陆续出版。

姜建、吴为公著:《朱自清年谱》,光明日报出版社 2011 年 11 月第一版。

关坤英著:《朱自清评传》,北京燕山出版社 1995 年 10 月第一版。

朱自清、俞平伯、叶圣陶等著:《我们的七月》,亚东图书馆 1924 年 7 月版。

曹聚仁著:《听涛室人物谭》,生活·读书·新知三联书店 2007 年 8 月第一版。

曹聚仁著:《天一阁人物谭》,生活·读书·新知三联书店 2007 年 8 月第一版。

季羡林著：《清华园日记》，外语教学与研究出版社 2009 年 12 月第一版。

柳无忌著：《柳无忌散文选——古稀话旧》，中国友谊出版公司 1984 年 9 月第一版。

俞平伯、吴晗等著，张守常编：《最完整的人格——朱自清先生哀念集》，北京出版社 1988 年 8 月第一版。

浦江清著：《清华园日记 西行日记》，生活·读书·新知三联书店 1987 年 6 月第一版。

王保生著：《沈从文评传》，重庆出版社 1995 年 11 月第一版。

吴世勇编：《沈从文年谱》，天津人民出版社 2006 年 2 月第一版。

张菊香主编：《周作人年谱》，南开大学出版社 1985 年 9 月第一版。

朱自清著：《朱自清精品选》，中国书籍出版社 2014 年 6 月第一版。

林呐、徐柏容、郑法清主编：《朱自清散文选集》，百花文艺出版社 1986 年 8 月第一版。

朱金顺编：《朱自清研究资料》，北京师范大学出版社 1981 年 8 月第一版。

商金林编：《叶圣陶年谱》，江苏教育出版社 1986 年 12 月第一版。

　　陈武著：《俞平伯的诗书人生》，中国书籍出版社 2015 年 1 月第一版。

　　常丽洁校注：《朱自清旧体诗词校注》，人民出版社 2014 年 6 月第一版。

　　汪曾祺著：《汪曾祺文集》，广西人民出版社 2006 年 11 月第一版。

　　徐强著：《汪曾祺年谱长编》，稿本。

　　陈福康著：《郑振铎年谱》，三晋出版社 2008 年 10 月第一版。

　　黄裳著：《珠还记幸》，生活·读书·新知三联书店 2006 年 4 月第一版。

　　梅贻琦著：《梅贻琦日记 1941—1946》，清华大学出版社 2001 年第一版。

　　杨天石主编：《钱玄同日记》，北京大学出版社 2014 年 8 月第一版。

　　林徽因著：《林徽因的信》，群言出版社 2016 年 5 月第一版。

　　郁达夫著：《郁达夫日记》，广陵书社 2021 年 3 月第一版。

　　叶圣陶著：《叶圣陶集》，江苏教育出版社 1994 年 6 月第一版。

萧公权著：《萧公权文集》，中国人民大学出版社 2014 年 6 月第一版。

曹聚仁著：《我与我的世界》，人民文学出版社 1983 年 3 月第一版。

赵家璧著：《编辑生涯忆鲁迅》，人民文学出版社 1981 年 9 月第一版。

赵家璧著：《编辑忆旧》，生活·读书·新知三联书店 1984 年 8 月第一版。

赵家璧著：《回顾与展望》，山西人民出版社 1986 年 7 月第一版。

赵家璧著：《文坛故旧录——编辑忆旧续集》，生活·读书·新知三联书店 1991 年 6 月第一版。

朱乔森编：《朱自清爱情书信手迹》，江苏教育出版社 2001 年 2 月第一版。

徐强编：《长向文坛瞻背影》，广陵书社 2018 年 10 月第一版。

周锦著：《朱自清作品评述》，台北智燕出版社 1978 年 4 月版。

张漱菡著：《胡秋原传》，湖北人民出版社 2007 年 1 月版。

中华书局编辑部编：《学林漫录》（初集），中华书局 1980 年 6 月版。

丰子恺著：《丰子恺散文漫画精品集》，天地出版社 2018 年第一版。